W0323454

DR. OETKER

MODE PLÄTZCHEN

SPAGHETTI-TALER, GLETSCHERBROCKEN, KONFETTISTANGEN, KUHKEKSE...

DR. OETKER

MODE PLÄTZCHEN

SPAGHETTI-TALER, GLETSCHERBROCKEN, KONFETTISTANGEN, KUHKEKSE...

Dr. Oetker Verlag

Vorwort

Jetzt kommt frischer Wind in die Plätzchen-Backstube,
denn es gibt tolle neue Plätzchen-Rezepte von Dr. Oetker: Spaghettitaler, Konfettistangen, Gletscherbrocken und Schoko-Minz-Knöpfe sind nur einige der überraschenden und leckeren Kreationen, die hier verraten werden.
So backen Sie völlig neue Plätzchen, überraschen Freunde und Familie und entdecken, dass das Plätzchenbacken nicht nur zur Weihnachtszeit Spaß macht.
Alle Rezepte sind wie gewohnt leicht nachvollziehbar beschrieben, von Dr. Oetker getestet und machen schon beim Zubereiten Spaß.

Abkürzungen

EL	= Esslöffel
TL	= Teelöffel
Msp.	= Messerspitze
Pck.	= Packung/Päckchen
g	= Gramm
kg	= Kilogramm
ml	= Milliliter
l	= Liter
evtl.	= eventuell
geh.	= gehäuft
gestr.	= gestrichen
TK	= Tiefkühlprodukt
°C	= Grad Celsius
Ø	= Durchmesser
E	= Eiweiß
F	= Fett
Kh	= Kohlenhydrate
kcal	= Kilokalorien
kJ	= Kilojoule

Hinweise zu den Rezepten

Lesen Sie bitte vor der Zubereitung – besser noch vor dem Einkaufen – das Rezept einmal vollständig durch. Oft werden Arbeitsabläufe oder -zusammenhänge dann klarer.
Die in den Rezepten angegebenen Backtemperaturen und -zeiten sind Richtwerte, die je nach individueller Hitzeleistung des Backofens über- oder unterschritten werden können. Bitte beachten Sie deshalb bei der Einstellung des Backofens die Gebrauchsanweisung des Herstellers und machen Sie nach Beendigung der Backzeit eine Garprobe.

Zubereitungszeiten

Die Zubereitungszeit beinhaltet nur die Zeit für die eigentliche Zubereitung, die Backzeiten sind gesondert ausgewiesen. Längere Wartezeiten, z. B. Kühlzeiten, sind ebenfalls nicht mit einbezogen.

Gefüllte Haselnuss-Orangen-Plätzchen

etwa 40 Stück

Zubereitungszeit: 120 Min., ohne Kühlzeit
Backzeit: etwa 15 Min., je Backblech

Pro Stück:
E: 3 g, F: 8 g, Kh: 12 g, kJ: 584, kcal: 139

Für den Knetteig:

- **250 g Weizenmehl**
- **40 g Zucker**
- **2 Pck. Vanillin-Zucker**
- **1 Prise Salz**
- **150 g Schmand**
- **100 g Butter oder Margarine**

Für die Füllung:

- **200 g abgezogene, gehackte Haselnusskerne**
- **200 g Orangenmarmelade**
- **200 g Marzipan-Rohmasse**

Zum Bestreichen:

- **2 Eiweiß**
- **2 Eigelb**
- **2–3 EL Milch**

Zum Bestreuen:

- **20 g fein gehackte Pistazien**

1 Für den Teig Mehl in eine Rührschüssel sieben. Zucker, Vanillin-Zucker, Salz, Schmand und Butter oder Margarine hinzugeben und mit Handrührgerät mit Knethaken zunächst auf niedrigster, dann auf höchster Stufe gut durcharbeiten.

2 Anschließend mit den Händen auf einer bemehlten Arbeitsfläche zu einem glatten Teig verkneten. Sollte der Teig kleben, ihn in Folie gewickelt 20–30 Minuten kalt stellen.

3 Inzwischen für die Füllung Haselnusskerne mit Orangenmarmelade in eine Schüssel geben. Marzipan-Rohmasse mit einer Küchenreibe reiben, dazugeben und alles gut miteinander verrühren.

4 Den Teig auf einer leicht bemehlten Arbeitsfläche dünn ausrollen und 80 Teigplätzchen (Ø etwa 6 cm) ausstechen. Eiweiß verschlagen. Die Ränder von 40 Teigplätzchen mit Eiweiß bestreichen. Jeweils 1 Teelöffel Füllung in der Mitte der 40 Teigplätzchen verteilen, ein zweites Teigplätzchen darüber legen und den Teigrand mit einer Gabel rundherum festdrücken.

5 Eigelb mit Milch verrühren, die Teigplätzchen damit bepinseln und mit Pistazien bestreuen. Plätzchen auf Backbleche (gefettet, mit Backpapier belegt) legen und die Backbleche nacheinander (bei Heißluft zusammen) in den Backofen schieben.

Ober-/Unterhitze:
180–200 °C (vorgeheizt)
Heißluft: 160–180 °C (vorgeheizt)
Gas: etwa Stufe 3 (vorgeheizt)
Backzeit: etwa 15 Min., je Backblech.

6 Plätzchen mit dem Backpapier von den Backblechen auf Kuchenroste ziehen und erkalten lassen

Tipp:
Anstelle von Schmand kann auch Crème fraîche verwendet werden. Die Haselnuss-Orangen-Plätzchen schmecken noch aromatischer, wenn die Haselnusskerne in einer Pfanne ohne Fett angeröstet werden. Die Plätzchen können auch mit Hagelzucker oder Haselnusskernen bestreut werden. Die Plätzchen nur 8–10 Tage in einer gut schließenden Dose aufbewahren, durch die Füllung werden sie dann weich.

Merci-Pur-Knusperchen

etwa 25 Stück

Zubereitungszeit: 80 Min., ohne Kühlzeit
Backzeit: etwa 10 Min., je Backblech

Pro Stück:
E: 2 g, F: 11 g, Kh: 17 g, kJ: 751, kcal: 179

Für den Knetteig:
- **250 g Weizenmehl**
- **1 Msp. Backpulver**
- **75 g Zucker**
- **1 Pck. Vanillin-Zucker**
- **2 Tropfen Butter-Vanille-Aroma**
- **150 g Butter oder Margarine**
- **1 EL kaltes Wasser**
- **100 g fein gehackte Merci Pur Helle Sahne**

Für die Füllung:
- **100 g Merci Pur Helle Sahne**
- **100 ml Schlagsahne**
- **50 g Butter**

Zum Garnieren:
- **50 g Merci Pur Helle Sahne**

1 Für den Teig Mehl mit Backpulver mischen und in eine Rührschüssel sieben. Übrige Zutaten hinzufügen und mit Handrührgerät mit Knethaken zunächst kurz auf niedrigster, dann auf höchster Stufe gut durcharbeiten.

2 Anschließend mit den Händen auf der leicht bemehlten Arbeitsfläche zu einem glatten Teig verkneten. Teig zu einer Rolle formen und in Folie gewickelt etwa 30 Minuten kalt stellen.

3 Für die Füllung in der Zwischenzeit Merci Pur grob hacken. Sahne erhitzen, Merci Pur darin auflösen. Butter unterrühren, die Creme in eine Rührschüssel füllen und 1–2 Stunden kalt stellen.

4 Den Teig portionsweise auf der leicht bemehlten Arbeitsfläche 3–4 mm dünn ausrollen, etwa 50 Teigplätzchen (Ø etwa 7 cm) ausstechen, auf Backbleche (gefettet, mit Backpapier belegt) legen und nacheinander (bei Heißluft zusammen) in den Backofen schieben.

Ober-/Unterhitze: etwa 180 °C (vorgeheizt)
Heißluft: etwa 160 °C (vorgeheizt)
Gas: Stufe 2–3 (vorgeheizt)
Backzeit: etwa 10 Min., je Backblech.

5 Plätzchen mit dem Backpapier von den Backblechen auf Kuchenroste ziehen und erkalten lassen.

6 Die gut gekühlte Creme mit Handrührgerät mit Rührbesen cremig aufschlagen. Die Hälfte der Plätzchen auf der Unterseite mit der Creme bestreichen (etwas zum Verzieren zurücklassen). Restliche Plätzchen mit der Unterseite darauf legen, etwas andrücken und die Creme fest werden lassen.

7 Die Gebäckoberfläche mit der zurückgelassenen Creme verzieren und nach Belieben mit halbierten oder grob gehackten Merci Pur garnieren.

Tipp:
Merci Pur lassen sich am besten hacken, wenn sie vorher eine Weile im Kühlschrank lagen. Sehr lecker schmecken die Knusperchen auch mit Merci Pur Mandel Sahne.
Es lassen sich auch andere Formen ausstechen, oder die obere Schicht besteht aus Ringen, Halbkreisen usw.
Gebäck hält sich gefüllt etwa 2 Tage (wird dann weicher) und ungefüllt etwa 2 Wochen.

Kokoskringel

etwa 50 Stück

Zubereitungszeit: 40 Min., ohne Kühlzeit
Backzeit: etwa 12 Min., je Backblech

Pro Stück:
E: 1 g, F: 6 g, Kh: 13 g, kJ: 357, kcal: 85

Für den Knetteig:
- **250 g Weizenmehl**
- **100 g Kokosraspel**
- **1 Prise Salz**
- **125 g Zucker**
- **200 g Butter oder Margarine**
- **abgeriebene Schale von 1 Limette (unbehandelt)**

Zum Bestreichen:
- **100 g Lemon Curd**

Zum Bestreuen:
- **75 g Kokosraspel**
- **gelbe und rote Speisefarbe**

1 Für den Teig Mehl in eine Schüssel sieben, Kokosraspel, Salz, Zucker, Butter oder Margarine und Limettenschale hinzufügen. Mit Handrührgerät mit Knethaken zuerst auf niedrigster, dann auf höchster Stufe gut durcharbeiten und anschließend auf der bemehlten Arbeitsfläche zu einem glatten Teig verkneten. Den Teig in Folie gewickelt etwa 30 Minuten kalt stellen.

2 Den Teig auf einer bemehlten Arbeitsfläche portionsweise 3 mm dick ausrollen und mit einer runden Form (Ø etwa 5 cm) 50 Kreise ausstechen. Mit einer sehr kleinen Form oder einer Lochtülle die Mitte der Kreise ausstechen, so dass Kringel entstehen.

3 Die Kringel auf Backbleche (gefettet, mit Backpapier belegt) legen und die Backbleche nacheinander (bei Heißluft zusammen) in den Backofen schieben.

Ober-/Unterhitze:
etwa 180 °C (vorgeheizt)
Heißluft: etwa 160 (vorgeheizt)
Gas: Stufe 2–3 (vorgeheizt)
Backzeit: etwa 12 Min., je Backblech.

4 Die Kringel mit dem Backpapier von den Backblechen auf Kuchenroste ziehen und erkalten lassen.

5 Anschließend die Kringel mit Lemon Curd bestreichen. Kokosraspel in 2 Portionen teilen und jede Portion in einen kleinen Gefrierbeutel füllen. In einen Beutel etwas gelbe Speisefarbe und in den zweiten Beutel etwas rote Speisefarbe geben. Beutel verschließen und die Kokosraspel gut zwischen den Händen reiben. Die Kringel mit den gefärbten Kokosraspeln bestreuen.

Tipp:
Statt Limettenschale kann auch Zitronenschale verwendet werden.
Lemon Curd ist ein englischer Brotaufstrich aus Zucker, Zitronen- und Orangensaft, Butter, Speisestärke und Wein.
Anstelle von Lemon Curd kann auch Aprikosenkonfitüre oder Orangenmarmelade verwendet werden.
Die Kokoskringel kühl lagern und bald verbrauchen.
Da die Kringel etwas kleben, zwischen die Lagen Backpapier legen.

Orangenmakronen

etwa 50 Stück

Zubereitungszeit: 50 Min.
Backzeit: etwa 25 Min.,
je Backblech

Pro Stück:
E: 1 g, F: 2 g, Kh: 4 g,
kJ: 194, kcal: 46

Für die Makronenmasse:

- **3 Eiweiß (Größe M)**
- **150 g feinkörniger Zucker**
- **1 Pck. Vanillin-Zucker**
- **abgeriebene Schale von 1 Orange (unbehandelt) oder 1 Pck. Finesse Orangenfrucht**
- **1 EL Orangensaft**
- **200 g abgezogene, gehobelte Mandeln**
- **50 g Semmelbrösel**

Zum Verzieren:

- **25 g Halbbitter-Kuvertüre**

1 Für die Makronenmasse Eiweiß, Zucker und Vanillin-Zucker in eine Schüssel geben und im heißen Wasserbad mit Handrührgerät mit Rührbesen so lange schlagen, bis eine steife Masse entstanden ist. Orangenschale oder Orangenfrucht und Orangensaft hinzufügen und weiterschlagen. Die Masse muss so steif sein, dass ein Messerschnitt sichtbar bleibt.

2 Die Schüssel aus dem Wasserbad nehmen. Mandeln und Semmelbrösel vorsichtig unter die Eiweißmasse heben.

3 Die Masse mit 2 Teelöffeln in Häufchen auf Backbleche (gefettet, mit Backpapier belegt) setzen und die Backbleche nacheinander (bei Heißluft zusammen) in den Backofen schieben.

Ober-/Unterhitze:
etwa 140 °C (vorgeheizt)
Heißluft: etwa 120 °C (vorgeheizt)
Gas: etwa Stufe 1 (vorgeheizt)
Backzeit: etwa 25 Min.,
je Backblech.

4 Die Makronen mit dem Backpapier von den Backblechen auf Kuchenroste ziehen (sie müssen innen noch weich sein, da sie während der Abkühlzeit nachtrocknen) und erkalten lassen.

5 Zum Verzieren Kuvertüre in Stücke hacken und in einem kleinen Topf im Wasserbad bei schwacher Hitze zu einer geschmeidigen Masse verrühren. Die Makronen damit besprenkeln.

Tipp:
Nach dem Erkalten die Makronen sofort in gut schließende Dosen verpacken.
Makronen schmecken am besten frisch, sind aber 1–2 Wochen haltbar.

Aprikosen-Apfel-Rauten

etwa 25 Stück

Zubereitungszeit: 60 Min., ohne Kühlzeit
Backzeit: etwa 20 Min.

Pro Stück:
E: 3 g, F: 11 g, Kh: 25 g, kJ: 944, kcal: 225

Für den Knetteig:
- **300 g Weizenmehl**
- **125 g Zucker**
- **2 Pck. Bourbon-Vanille-Zucker**
- **1 Prise Salz**
- **200 g Butter oder Margarine**

Für die Füllung:
- **200 g getrocknete Aprikosen**
- **100 g getrocknete Apfelringe**
- **100 g abgezogene Mandeln**
- **6–7 EL Amaretto oder Orangenlikör**

Zum Bestreichen und Bestreuen:
- **100 g weiße Kuvertüre**

1 Für den Teig Mehl in eine Rührschüssel sieben. Restliche Zutaten hinzugeben und mit Handrührgerät mit Knethaken zunächst auf niedrigster, dann auf höchster Stufe gut durcharbeiten.

2 Anschließend den Teig auf einer bemehlten Arbeitsfläche zu einem glatten Teig verkneten. Den Teig in Folie gewickelt 20–30 Minuten kalt stellen.

3 Inzwischen für die Füllung Aprikosen, Apfelringe und Mandeln sehr fein hacken. Zerkleinerte Trockenfrüchte mit Amaretto oder Orangenlikör verrühren.

4 Die Hälfte des Teiges auf einem gefetteten Backblech zu einem Quadrat von 20 x 20 cm ausrollen und vorsichtig mit der Fruchtfüllung bestreichen.

5 Die andere Hälfte des Teiges auf einem leicht bemehlten Backpapier ebenfalls zu einem Quadrat von 20 x 20 cm ausrollen, mit Hilfe des Backpapiers auf die Fruchtfüllung legen und das Backblech in den Backofen schieben.

Ober/Unterhitze: 180–200 °C (vorgeheizt)
Heißluft: 160–180 °C (vorgeheizt)
Gas: etwa Stufe 3 (vorgeheizt)
Backzeit: etwa 20 Min.

6 Das Gebäck noch warm mit einem scharfen Messer in etwa 25 Rauten schneiden und anschließend auf einem Kuchenrost erkalten lassen.

7 Zum Bestreichen und Bestreuen die Hälfte der Kuvertüre auf einer Küchenreibe hobeln. Restliche Kuvertüre grob hacken und in einem kleinen Topf im Wasserbad bei schwacher Hitze geschmeidig rühren Die Oberfläche der Rauten mit etwas Kuvertüre bestreichen und mit gehobelter Kuvertüre bestreuen.

Tipp:
Anstelle von Amaretto oder Orangenlikör können Sie auch Apfel- oder Orangensaft verwenden. Geben Sie beim Ausrollen des zweiten Rechtecks etwas Fett unter das Backpapier, so rutscht es nicht.

Veilchentürmchen

etwa 12 Stück

Zubereitungszeit: 90 Min., ohne Kühlzeit
Backzeit: 8–10 Min., je Backblech

Pro Stück:
E: 3 g, F: 13 g, Kh: 46 g, kJ: 1379, kcal: 329

Für den Knetteig:
- **250 g Weizenmehl**
- **100 g Zucker**
- **2 Pck. Bourbon-Vanille-Zucker**
- **1 Prise Salz**
- **1 Eigelb (Größe M)**
- **175 g Butter oder Margarine**

Für die Füllung:
- **125 g Johannisbeergelee**

Für den Guss:
- **150 g Puderzucker**
- **4–5 EL Orangenlikör**
- **rote und blaue Speisefarbe**

Zum Garnieren:
- **kandierte Veilchen oder Zuckerblumen**

1 Für den Teig Mehl in eine Rührschüssel sieben, Zucker, Vanille-Zucker, Salz, Eigelb und Butter oder Margarine in eine Rührschüssel geben. Die Zutaten mit Handrührgerät mit Knethaken zunächst auf niedrigster, dann auf höchster Stufe gut durcharbeiten.

2 Anschließend auf der leicht bemehlten Arbeitsfläche zu einem glatten Teig verkneten. Den Teig in Folie gewickelt etwa 30 Minuten kalt stellen.

3 Den Teig portionsweise auf einer bemehlten Arbeitsfläche 2 mm dünn ausrollen und 60 Teigplätzchen (Ø etwa 3,5 cm) ausstechen. Die Teigplätzchen auf Backbleche (gefettet, mit Backpapier belegt) legen und die Backbleche nacheinander (bei Heißluft zusammen) in den Backofen schieben.

Ober-/Unterhitze:
etwa 180 °C (vorgeheizt)
Heißluft: etwa 160 °C (vorgeheizt)
Gas: Stufe 2–3 (vorgeheizt)
Backzeit: 8–10 Min., je Backblech.

4 Das Gebäck mit dem Backpapier von den Backblechen auf Kuchenroste ziehen und erkalten lassen.

5 Für die Füllung das Johannisbeergelee in einem kleinen Topf erhitzen, je vier Plätzchen mit Gelee bepinseln, zu einem Türmchen übereinander setzen und ein fünftes Plätzchen darauf setzen. Die restlichen Plätzchen ebenfalls zu Türmchen zusammensetzen.

6 Für den Guss Puderzucker mit Orangenlikör und Speisefarbe zu einem fliederfarbenen Guss verrühren. Die Oberflächen der Türmchen mit dem Guss verzieren und mit kandierten Veilchen oder Zuckerblumen garnieren. Den Guss fest werden lassen.

Tipp:
Die Plätzchen halten sich ungefüllt in gut schließenden Dosen etwa 4 Wochen, gefüllt etwa 14 Tage.
Orangenlikör kann durch Orangensaft ersetzt werden.

Gletscherbrocken

etwa 50 Stück

Zubereitungszeit: 80 Min., ohne Kühlzeit

Pro Stück:
E: 1 g, F: 4 g, Kh: 8 g, kJ: 317, kcal: 76

Für die Masse:
- **250 g Vollmilch-Kuvertüre**
- **100 g abgezogene, gestiftelte Mandeln**
- **100 g Vollkorn-Knäckebrot**
- **200 g Kuh-Bonbons (Sahne-Muh-Muhs)**

Zum Verzieren:
- **100 g weiße Kuvertüre**

1 Für die Masse Kuvertüre in kleine Stücke hacken und in einem kleinen Topf im Wasserbad bei schwacher Hitze zu einer geschmeidigen Masse verrühren.

2 Mandeln in einer Pfanne ohne Fett goldbraun rösten und abkühlen lassen.

3 Knäckebrot in gleichmäßige Stücke brechen und auf einem Bogen Backpapier verteilen.

4 Kuh-Bonbons hacken und mit den Mandeln in einer Schüssel mischen. Die aufgelöste Kuvertüre mit Kuh-Bonbons und Mandeln verrühren. Die Masse mit zwei Gabeln häufchenweise auf den Knäckebrotstücken verteilen und die Masse fest werden lassen. Zwischendurch die Masse evtl. nochmals im Wasserbad leicht erwärmen.

5 Zum Verzieren Kuvertüre in kleine Stücke hacken, in einem kleinen Topf im Wasserbad bei schwacher Hitze zu einer geschmeidigen Masse verrühren.

6 Das Konfekt mit der Spitze in die Kuvertüre tauchen, etwas abtropfen lassen und wieder auf das Backpapier setzen. Kuvertüre fest werden lassen.

Tipp:
Kuh-Bonbons lassen sich besser hacken, wenn sie vorher eine Weile im Kühlschrank lagen.
Statt die Häufchen in die Kuvertüre zu tauchen, kann die Kuvertüre auch portionsweise in ein Papiertütchen gefüllt und auf die Häufchenspitze gespritzt werden.

Kirschstreifen

etwa 60 Stück

Zubereitungszeit: 90 Min., ohne Abkühlzeit
Backzeit: etwa 20 Min.

Pro Stück:
E: 1 g, F: 1 g, Kh: 8 g,
kJ: 197, kcal: 47

Zum Vorbereiten:
- **1 Glas Sauerkirschen (Abtropfgewicht 370 g)**
- **100 g abgezogene, gemahlene Mandeln**
- **250 g Amarettini (italienisches Mandelgebäck)**

Für den Teig:
- **3 Eiweiß (Größe M)**
- **70 g Puderzucker**
- **1 TL Finesse Geriebene Zitronenschale**
- **50 g Weizenmehl**
- **1 gestr. TL Backpulver**

Für den Guss:
- **75 g gesiebter Puderzucker**
- **1 EL Sauerkirschsaft**

1 Zum Vorbereiten Kirschen in einem Sieb gut abtropfen lassen, den Saft dabei auffangen. Mandeln in einer Pfanne ohne Fett goldbraun rösten und abkühlen lassen. Amarettini in einen Gefrierbeutel geben. Den Beutel fest verschließen und Amarettini mit der Teigrolle zerbröseln.

2 Für den Teig Eiweiß mit Handrührgerät mit Rührbesen steif schlagen. Der Eischnee muss so fest sein, dass ein Messerschnitt sichtbar bleibt. Nach und nach Zucker und Zitronenschale unterschlagen.

3 Mehl und Backpulver mischen, sieben und unterrühren. Amarettinibrösel, Mandeln und Sauerkirschen unterheben.

4 Einen Backrahmen (30 x 30 cm) auf ein mit Backpapier belegtes Backblech stellen. Den Teig einfüllen und glatt streichen. Das Backblech in den Backofen schieben.

Ober-/Unterhitze:
etwa 180 °C (vorgeheizt)
Heißluft: etwa 160 °C (vorgeheizt)
Gas: Stufe 2–3 (vorgeheizt)
Backzeit: etwa 20 Min.

5 Das Backblech auf einen Kuchenrost stellen, das Gebäck erkalten lassen und den Backrahmen entfernen.

6 Für den Guss Puderzucker und Sauerkirschsaft zu einer dickflüssigen Masse verrühren. Die Masse in einen Gefrierbeutel oder ein Papiertütchen füllen und eine kleine Ecke abschneiden. Den Guss in Streifen auf das Gebäck spritzen und fest werden lassen. Das Gebäck in Rechtecke (etwa 3 x 5 cm) schneiden.

Tipp:
Verwenden Sie das übrig gebliebene Eigelb für Spritzgebäck mit Mascarpone (Seite 90).

Rote Marzipanherzen

etwa 60 Stück

Zubereitungszeit: 60 Min., ohne Kühlzeit
Backzeit: 10–12 Min., je Backblech

Pro Stück:
E: 1 g, F: 4 g, Kh: 7 g, kJ: 285, kcal: 68

Für den Knetteig:
- **250 g Weizenmehl**
- **1 Msp. Backpulver**
- **100 g Zucker**
- **1 Prise Salz**
- **1 Eigelb (Größe M)**
- **150 g Butter oder Margarine**

Für den Belag:
- **250 g Marzipan-Rohmasse**
- **50 g gesiebter Puderzucker**
- **1 Pck. Fruttina Kirsch-Geschmack (Fruchtpudding)**

- **etwas Puderzucker**

Zum Bestreichen:
- **etwas Wasser**

1 Für den Teig Mehl mit Backpulver mischen und in eine Rührschüssel sieben. Zucker, Salz, Eigelb und Butter oder Margarine hinzufügen. Die Zutaten mit Handrührgerät mit Knethaken zunächst kurz auf niedrigster, dann auf höchster Stufe gut durcharbeiten.

2 Anschließend auf einer bemehlten Arbeitsfläche zu einem glatten Teig verkneten. Den Teig zu einer Rolle formen und in Folie gewickelt etwa 30 Minuten kalt stellen.

3 Für den Belag Marzipan-Rohmasse, Puderzucker und Fruttina mit den Händen gut miteinander verkneten. Marzipan in Folie gewickelt eine Zeit lang kalt stellen.

4 Den Teig auf der bemehlten Arbeitsfläche portionsweise etwa 3 mm dick ausrollen, mit einer Ausstechform 60 Herzen (Ø etwa 4,5 cm) ausstechen. Teigherzen auf Backbleche (gefettet, mit Backpapier belegt) legen.

5 Die Marzipanmasse auf einer mit Puderzucker bestäubten Arbeitsfläche etwa 3 mm dick ausrollen. Mit einer Ausstechform 60 Herzen (Ø etwa 3,5 cm) ausstechen.

6 Die Knetteigherzen mit Wasser bestreichen und sofort mit je einem Marzipanherz belegen. Die Backbleche nacheinander (bei Heißluft zusammen) in den Backofen schieben.

Ober-/Unterhitze:
etwa 160 °C (vorgeheizt)
Heißluft: etwa 140 °C (vorgeheizt)
Gas: Stufe 1–2 (vorgeheizt)
Backzeit: 10–12 Min.,
je Backblech.

7 Die Herzen mit dem Backpapier von den Backblechen auf Kuchenroste ziehen und erkalten lassen.

Tipp:
Die Backbleche auf der unteren Einschubleiste in den Backofen schieben, so bleibt die rote Farbe des Marzipans besser erhalten.
Anstelle von Fruttina kann auch 1 Päckchen Rote-Grütze-Pulver (40 g) verwendet werden.

Kuhkekse

etwa 25 Stück

Zubereitungszeit: 80 Min., ohne Kühlzeit
Backzeit: etwa 10 Min., je Backblech

Pro Stück:
E: 1 g, F: 6 g, Kh: 14 g, kJ: 498, kcal: 119

Für den Knetteig:
- **200 g Weizenmehl**
- **50 g Speisestärke**
- **1 gestr. TL Backpulver**
- **100 g Puderzucker**
- **1 Ei (Größe M)**
- **150 g Butter oder Margarine**
- **10 g Kakaopulver**

Für die Füllung:
- **50 ml Schlagsahne**
- **60 g Zucker**

1 Für den Teig Mehl, Speisestärke, Backpulver und Puderzucker mischen und in eine Rührschüssel sieben. Ei und Butter oder Margarine hinzufügen. Die Zutaten mit Handrührgerät mit Knethaken zunächst kurz auf niedrigster, dann auf höchster Stufe gut durcharbeiten.

2 Anschließend auf einer bemehlten Arbeitsfläche zu einem glatten Teig verkneten. Den Teig halbieren. Eine Teighälfte mit Kakao verkneten.

3 Aus jeder Teighälfte 6 unterschiedlich große Kugeln formen und diese in Folie gewickelt etwa 20 Minuten kalt stellen.

4 Jeweils 3 helle und dunkle Teigkugeln auf die bemehlte Arbeitsfläche legen und jede Kugel etwa 5 mm dick ausrollen. Die ausgerollten Teigstücke nebeneinander legen, dabei die Ränder leicht überlappen lassen. Teig etwa 2 mm dick ausrollen.

5 Aus dem gefleckten Teig 50 Kühe (Ø etwa 5 cm) ausstechen. Teigkühe auf ein Backblech (gefettet, mit Backpapier belegt) legen. Restlichen Teig ebenso verarbeiten.

6 Die Backbleche nacheinander (bei Heißluft zusammen) in den Backofen schieben.

Ober-/Unterhitze: etwa 180 °C (vorgeheizt)
Heißluft: etwa 160 °C (vorgeheizt)
Gas: Stufe 2–3 (vorgeheizt)
Backzeit: etwa 10 Min., je Backblech.

7 Die Kuhkekse mit dem Backpapier von den Backblechen auf Kuchenroste ziehen und erkalten lassen.

8 Für die Füllung Sahne und Zucker in einem kleinen Topf unter Rühren aufkochen lassen. Bei mittlerer Hitze etwa 15 Minuten ohne Deckel köcheln lassen, bis die Masse sirupartig und zäh ist, dabei gelegentlich umrühren. Die Masse etwas abkühlen lassen, in einen Gefrierbeutel füllen und eine kleine Ecke abschneiden.

9 Die Hälfte der Kuhkekse mit etwas von der Masse bespritzen, je einen nicht bespritzten Kuhkeks darauf legen und andrücken. Masse fest werden lassen.

Tipp:
Die Kuhkekse sind in einer gut schließenden Dose 10–14 Tage haltbar und werden dann weicher.

Apfel-Kokos-Streifen

etwa 80 Stück

Zubereitungszeit: 70 Min., ohne Kühlzeit
Backzeit: etwa 10 Min., je Backblech

Pro Stück:
E: 1 g, F: 2 g, Kh: 5 g, kJ: 165, kcal: 39

Für den Knetteig:
- **250 g Weizenmehl**
- **1 gestr. TL Backpulver**
- **50 g Puderzucker**
- **100 g Apfelkraut (Apfeldicksaft)**
- **1 gestr. TL Finesse Geriebene Zitronenschale**
- **1 Ei (Größe M)**
- **120 g Butter oder Margarine**

Für den Guss:
- **120 g gesiebter Puderzucker**
- **2 EL Apfelsaft**

Zum Bestreuen:
- **50 g Kokosraspel**

1 Für den Teig Mehl, Backpulver und Puderzucker mischen und in eine Rührschüssel sieben. Apfelkraut, Zitronenschale, Ei und Butter oder Margarine hinzufügen. Die Zutaten mit Handrührgerät mit Knethaken zunächst kurz auf niedrigster, dann auf höchster Stufe gut durcharbeiten.

2 Anschließend auf einer bemehlten Arbeitsfläche zu einem glatten Teig verkneten. Den Teig halbieren, in Folie wickeln und etwa 30 Minuten kalt stellen.

3 Eine Teighälfte auf der bemehlten Arbeitsfläche zu einem Rechteck (24 x 30 cm) ausrollen. Mit einem Teigrädchen oder einem Messer 40 Streifen (3 x 6 cm) schneiden. Teigstreifen auf 2 Backbleche (gefettet, mit Backpapier belegt) verteilen. Restlichen Teig auf die gleiche Weise verarbeiten. Die Backbleche nacheinander (bei Heißluft zusammen) in den Backofen schieben.

Ober-/Unterhitze:
etwa 180 °C (vorgeheizt)
Heißluft: etwa 160 °C (vorgeheizt)
Gas: Stufe 2–3 (vorgeheizt)
Backzeit: etwa 10 Min., je Backblech.

4 Die Streifen mit dem Backpapier von den Backblechen auf Kuchenroste ziehen und erkalten lassen.

5 Für den Guss Puderzucker mit Apfelsaft zu einer dickflüssigen Masse verrühren und in einen Gefrierbeutel füllen. Plätzchen dicht nebeneinander auf Backpapier legen. Eine kleine Ecke vom Gefrierbeutel abschneiden und den Guss in Streifen über das Gebäck spritzen.

6 Zum Bestreuen die Kokosraspel sofort auf den feuchten Guss streuen und leicht andrücken. Den Guss fest werden lassen.

Tipp:
Durch den Puderzucker im Teig werden die Apfel-Kokos-Streifen besonders knusprig.
Statt mit Kokosraspeln können die Streifen auch mit gerösteten, gemahlenen Haselnusskernen oder Mandeln bestreut werden.

Bananenkipferl

etwa 50 Stück

Zubereitungszeit: 90 Min., ohne Kühlzeit
Backzeit: 10–12 Min., je Backblech

Pro Stück:
E: 1 g, F: 4 g, Kh: 9 g, kJ: 336, kcal: 80

Für den Knetteig:

- **100 g getrocknete Bananen**
- **250 g Weizenmehl**
- **1 gestr. TL Backpulver**
- **100 g Zucker**
- **1 Pck. Bourbon-Vanille-Zucker**
- **1 Eigelb (Größe M)**
- **150 g Butter oder Margarine**

Für den dunken Guss:

- **100 g Halbbitter-Kuvertüre**

Für den hellen Guss:

- **100 g weiße Kuvertüre**

1 Für den Teig Bananen in sehr feine Stücke schneiden. Mehl mit Backpulver mischen und in eine Rührschüssel sieben. Bananenstücke, Zucker, Vanille-Zucker, Eigelb und Butter oder Margarine hinzufügen. Die Zutaten mit Handrührgerät mit Knethaken zunächst kurz auf niedrigster, dann auf höchster Stufe gut durcharbeiten.

2 Anschließend auf einer bemehlten Arbeitsfläche zu einem glatten Teig verkneten und zu zwei etwa 25 cm langen Rollen formen. Die Teigrollen in Folie gewickelt etwa 30 Minuten kalt stellen.

3 Die Teigrollen in etwa 1 cm dicke Scheiben schneiden. Aus den Teigscheiben kleine Rollen formen und die Enden etwas dünner rollen. Teigkipferl auf Backbleche (gefettet, mit Backpapier belegt) legen. Die Backbleche nacheinander (bei Heißluft zusammen) in den Backofen schieben.

Ober-/Unterhitze:
etwa 180 °C (vorgeheizt)
Heißluft: etwa 160 °C (vorgeheizt)
Gas: Stufe 2–3 (vorgeheizt)
Backzeit: 10–12 Min., je Backblech.

4 Die Kipferl mit dem Backpapier von den Backblechen auf Kuchenroste ziehen und erkalten lassen.

5 Für den dunklen Guss Kuvertüre in kleine Stücke hacken und in einem kleinen Topf im Wasserbad bei schwacher Hitze zu einer geschmeidigen Masse verrühren.

6 Für den hellen Guss Kuvertüre ebenfalls in kleine Stücke hacken und in einem kleinen Topf im Wasserbad bei schwacher Hitze zu einer geschmeidigen Masse verrühren.

7 Eine Spitze der Bananenkipferl in die dunkle, die andere Spitze in die helle Kuvertüre tauchen. Kipferl auf Backpapier legen und den Guss fest werden lassen.

Tipp:
Sie können die aufgelöste Kuvertüre auch in zwei Gefrierbeutel füllen, je eine kleine Ecke abschneiden und die Kipferl damit besprenkeln.

Spaghettitaler

Titelrezept
etwa 35 Stück

Zubereitungszeit: 100 Min., ohne Kühlzeit
Backzeit: 10–12 Min.

Pro Stück:
E: 2 g, F: 6 g, Kh: 10 g, kJ: 443, kcal: 106

Für den Knetteig:
- **125 g Weizenmehl**
- **1 Msp. Backpulver**
- **50 g Zucker**
- **1 Prise Salz**
- **1 Eigelb (Größe M)**
- **80 g Butter oder Margarine**

Für die Spaghettimasse:
- **350 g Marzipan-Rohmasse**
- **1 EL gesiebter Puderzucker**
- **1 Eiweiß (Größe M)**

Zum Bestreichen:
- **5 EL Himbeer- oder Erdbeerkonfitüre**
- **2 EL Wasser**

Zum Garnieren:
- **30 g weiße Raspelschokolade**

1 Für den Teig Mehl und Backpulver mischen und in eine Rührschüssel sieben. Zucker, Salz, Eigelb und Butter oder Margarine hinzufügen. Die Zutaten mit Handrührgerät mit Knethaken zunächst kurz auf niedrigster, dann auf höchster Stufe gut durcharbeiten.

2 Anschließend auf einer bemehlten Arbeitsfläche zu einem glatten Teig verkneten. Den Teig zu einer Rolle formen und in Folie gewickelt etwa 30 Minuten kalt stellen.

3 Für die Spaghettimasse Marzipan-Rohmasse in kleine Stücke schneiden, Puderzucker und Eiweiß hinzufügen. Die Zutaten mit Handrührgerät mit Rührbesen zu einer glatten Masse verrühren. Masse kalt stellen.

4 Den Teig auf einer bemehlten Arbeitsfläche etwa 2 mm dick ausrollen und 35 Taler (Ø etwa 5 cm) ausstechen. Teigtaler auf ein Backblech (gefettet, mit Backpapier belegt) legen. Das Backblech in den Backofen schieben und die Teigtaler vorbacken.

Ober-/Unterhitze: etwa 180 °C (vorgeheizt)
Heißluft: etwa 160 °C (vorgeheizt)
Gas: Stufe 2–3 (vorgeheizt)
Backzeit: 5 Min.

5 Das Backblech auf einen Kuchenrost stellen. Spaghettimasse portionsweise mit einem Teelöffel in eine Knoblauchpresse füllen, etwas davon auf je einen vorgebackenen Taler pressen und die Masse mit einem feuchten Messer von der Presse lösen. Das Backblech wieder in den Backofen schieben und die Taler **bei gleicher Ofeneinstellung in 5–7 Minuten** fertig backen.

6 Die Taler mit dem Backpapier vom Backblech auf einen Kuchenrost ziehen und erkalten lassen.

7 Zum Bestreichen Konfitüre mit Wasser in einem kleinen Topf unter Rühren aufkochen. Die Konfitüre durch ein Sieb streichen. In die Mitte jedes Talers etwas von der heißen Konfitüre geben. Raspelschokolade auf die heiße Konfitüre streuen und die Taler kurz kalt stellen.

Erdbeerblüten

etwa 60 Stück

Zubereitungszeit: 70 Min., ohne Kühlzeit
Backzeit: etwa 10 Min., je Backblech

Pro Stück:
E: 1 g, F: 2 g, Kh: 8 g, kJ: 228, kcal: 54

Für den Knetteig:
- **200 g Weizenmehl**
- **70 g Milchgetränkepulver Erdbeergeschmack (z. B. KABA®)**
- **50 g Puderzucker**
- **1 gestr. TL Backpulver**
- **150 g Butter oder Margarine**

Zum Garnieren:
- **130 g Erdbeerkonfitüre**
- **2 EL Wasser**

Zum Bestreuen:
- **2–3 EL Schokoladenplättchen**

Zum Verzieren:
- **120 g gesiebter Puderzucker**
- **1–2 EL Zitronensaft**

1 Für den Teig Mehl, Getränkepulver, Puderzucker und Backpulver mischen und in eine Rührschüssel sieben. Butter oder Margarine hinzufügen.

2 Die Zutaten mit Handrührgerät mit Knethaken zunächst kurz auf niedrigster, dann auf höchster Stufe gut durcharbeiten.

3 Anschließend auf einer bemehlten Arbeitsfläche zu einem glatten Teig verkneten. Den Teig in Folie gewickelt etwa 1 Stunde kalt stellen.

4 Den Teig auf der bemehlten Arbeitsfläche etwa 2 mm dick ausrollen. Mit einer Ausstechform 60 Blüten (Ø etwa 5 cm) ausstechen. Teigblüten auf Backbleche (gefettet, mit Backpapier belegt) verteilen. Die Backbleche nacheinander (bei Heißluft zusammen) in den Backofen schieben.

Ober-/Unterhitze:
etwa 180 °C (vorgeheizt)
Heißluft: etwa 160 °C (vorgeheizt)
Gas: Stufe 2–3 (vorgeheizt)
Backzeit: etwa 10 Min., je Backblech.

5 Die Gebäckblüten mit dem Backpapier von den Backblechen auf Kuchenroste ziehen und erkalten lassen.

6 Zum Garnieren Konfitüre durch ein Sieb streichen und mit Wasser in einem Topf unter Rühren aufkochen und etwas einkochen lassen. Auf jede Gebäckblüte mit Hilfe eines Teelöffels einen Klecks Konfitüre geben und mit Schokoladenplättchen bestreuen.

7 Zum Verzieren Puderzucker mit Zitronensaft zu einer dickflüssigen Masse verrühren. Die Masse in einen kleinen Gefrierbeutel füllen und eine kleine Ecke abschneiden. Die Gebäckblüten damit verzieren und fest werden lassen.

Tipp:
Anstelle des Milchgetränkepulvers können Sie auch ein wasserlösliches Fruchtgetränkepulver (z. B. Himbeer oder Kirsch) verwenden. Dann auch Himbeer- oder Kirschkonfitüre nehmen.

® Registered trademark of Kraft Foods

Gefüllte Walnussmakronen

etwa 40 Stück

Zubereitungszeit: 60 Min., ohne Kühlzeit
Backzeit: etwa 25 Min.

Pro Stück:
E: 2 g, F: 6 g, Kh: 9 g, kJ: 406, kcal: 97

Für die Makronenmasse:
- **3 Eiweiß (Größe M)**
- **1 Prise Salz**
- **150 g Zucker**
- **50 g Weizenmehl**
- **200 g gemahlene Walnusskerne**

Für die Trüffelmasse:
- **200 g weiße Kuvertüre**
- **50 ml Schlagsahne**
- **2–3 EL Apricot Brandy**

Zum Bestreuen:
- **20 g fein gehackte Pistazienkerne**

1 Für die Makronenmasse Eiweiß und Salz mit Handrührgerät mit Schneebesen auf höchster Stufe steif schlagen. Der Schnee muss so fest sein, dass ein Messerschnitt sichtbar bleibt. Zucker nach und nach unterschlagen.

2 Mehl sieben, mit den Walnusskernen mischen und vorsichtig unterheben. Die Masse in einen Spritzbeutel mit großer Lochtülle füllen und 40 Tupfen (Ø 2–3 cm) auf ein Backblech (gefettet, mit Backpapier belegt) spritzen. Das Backblech in den Backofen schieben.

Ober-/Unterhitze:
etwa 140 °C (vorgeheizt)
Heißluft: etwa 120 °C (vorgeheizt)
Gas: etwa Stufe 1 (vorgeheizt)
Backzeit: etwa 25 Min.

3 Das Gebäck mit dem Backpapier auf einen Kuchenrost ziehen und erkalten lassen.

4 Inzwischen für die Trüffelmasse die Kuvertüre in Stücke hacken und mit der Sahne in einem Topf im heißen Wasserbad zu einer geschmeidigen Masse verrühren. Apricot Brandy unterrühren. Masse aus dem Wasserbad nehmen, in einen hohen Rührbecher füllen und im kalten Wasserbad unter Rühren abkühlen lassen oder 1 Stunde kalt stellen.

5 Erkaltete Trüffelmasse mit Handrührgerät mit Rührbesen gut cremig rühren. Jeweils eine Makrone an der Unterseite mit der Trüffelmasse bestreichen, eine zweite Makrone daraufsetzen und den Rand mit fein gehackten Pistazien bestreuen.

Tipp:
Durch die Füllung werden die Makronen schnell weich, deshalb Makronen in einer gut schließenden Dose an einem kühlen Ort aufbewahren und bald verzehren.

Mars®-Sterne

etwa 30 Stück

Zubereitungszeit: 50 Min., ohne Kühlzeit
Backzeit: etwa 10 Min., je Backblech

Pro Stück:
E: 2 g, F: 6 g, Kh: 16 g, kJ: 865, kcal: 129

Für den Knetteig:
- **300 g Weizenmehl**
- **100 g Puderzucker**
- **1 Prise Salz**
- **1 Ei (Größe M)**
- **150 g Butter oder Margarine**

Für die Füllung:
- **2 Riegel MARS® (je 58 g, gekühlt)**

Zum Garnieren:
- **2 Riegel MARS® (je 58 g, gekühlt)**
- **2 EL Puderzucker**

® Registered trademark of Mars, Inc.

1 Für den Teig Mehl und Puderzucker in eine Rührschüssel sieben. Salz, Ei und Butter oder Margarine hinzufügen und die Zutaten mit Handrührgerät mit Knethaken zunächst kurz auf niedrigster, dann auf höchster Stufe gut durcharbeiten.

2 Anschließend auf einer leicht bemehlten Arbeitsfläche zu einem glatten Teig verkneten. Teig in Folie wickeln und etwa 30 Minuten kalt stellen.

3 Den Teig portionsweise auf einer leicht bemehlten Arbeitsfläche etwa 2 mm dünn ausrollen und 60 Sterne (Ø etwa 6 cm) ausstechen. Sterne auf Backbleche (gefettet, mit Backpapier belegt) legen und die Backbleche nacheinander (bei Heißluft zusammen) in den Backofen schieben.

Ober-/Unterhitze:
etwa 180 °C (vorgeheizt)
Heißluft: etwa 160 °C (vorgeheizt)
Gas: Stufe 2–3 (vorgeheizt)
Backzeit: etwa 10 Min., je Backblech.

4 Für die Füllung jeden MARS®-Riegel in 15 dünne Scheiben schneiden. Sterne aus dem Backofen nehmen und sofort auf jeden zweiten Stern eine Scheibe legen, einen Stern ohne Scheibe darauf legen und vorsichtig andrücken.

5 Gefüllte Sterne mit Backpapier vom Backblech auf einen Kuchenrost ziehen und erkalten lassen.

6 Zum Garnieren beide MARS®-Riegel in je 15 Scheiben schneiden und die Sterne mit den Scheiben garnieren. Sterne mit Puderzucker bestäuben.

Tipp:
Die MARS®-Riegel lassen sich besser in Scheiben schneiden, wenn sie vorher im Kühlschrank gut gekühlt wurden. Statt die Marssterne mit MARS®-Scheiben zu garnieren, können die gefüllten Sterne auch mit aufgelöster Vollmilch-Kuvertüre besprenkelt werden.

Mini-Marzipanhörnchen

Foto
etwa 40 Stück

Zubereitungszeit: 50 Min.
Backzeit: 12–15 Min.

Pro Stück:
E: 1 g, F: 3 g, Kh: 4 g,
kJ: 201, kcal: 48

Für die Marzipanmasse:

- **200 g Marzipan-Rohmasse**
- **2 Eier (Größe M)**
- **30 g Zucker**
- **1 Pck. Vanillin-Zucker**
- **5 Tropfen Bittermandel-Aroma**
- **40 g Speisestärke**

Zum Bestreuen:

- **50 g abgezogene, gehobelte Mandeln**

1 Für die Marzipanmasse Marzipan-Rohmasse in feine Stücke schneiden und in eine Rührschüssel geben. Eier, Zucker, Vanillin-Zucker, Aroma und Speisestärke hinzufügen und die Zutaten mit Handrührgerät mit Rührbesen zu einer glatten Masse verrühren.

2 Die Masse in einen Spritzbeutel mit mittelgroßer Lochtülle füllen und daraus auf ein Backblech (gefettet, mit Backpapier belegt) etwa 40 kleine Hörnchen spritzen. Die Mandeln etwas zerdrücken und die Hörnchen damit bestreuen. Das Backblech in den Backofen schieben.

Ober-/Unterhitze:
etwa 180 °C (vorgeheizt)
Heißluft: etwa 160 °C (vorgeheizt)
Gas: Stufe 2–3 (vorgeheizt)
Backzeit: 12–15 Min.

3 Die Mini-Marzipanhörnchen mit dem Backpapier vom Backblech auf einen Kuchenrost ziehen und erkalten lassen.

Tipp:
Die Hörnchen schmecken auch sehr lecker, wenn sie nach dem Erkalten an der Unterseite mit aufgelöster Halbbitter-Kuvertüre bestrichen werden.

Ananasringe

etwa 40 Stück

Zubereitungszeit: 60 Min., ohne Kühlzeit
Backzeit: etwa 10 Min., je Backblech

Pro Stück:
E: 1 g, F: 4 g, Kh: 13 g, kJ: 390, kcal: 93

Für den Rührteig:
- **150 g Butter oder Margarine**
- **100 g Zucker**
- **1 Prise Salz**
- **einige Tropfen Rum-Aroma**
- **3 Eigelb (Größe M)**
- **150 g Weizenmehl**
- **50 g Speisestärke**
- **1 gestr. TL Backpulver**
- **4 EL Schlagsahne**
- **150 g kandierte, fein gehackte Ananasstücke**

Für den Guss:
- **120 g gesiebter Puderzucker**
- **2 EL Zitronensaft**

Zum Bestreuen:
- **50 g kandierte, fein gehackte Ananasstücke**

1 Für den Teig Butter oder Margarine mit Handrührgerät mit Rührbesen auf höchster Stufe geschmeidig rühren. Nach und nach Zucker, Salz und Aroma unterrühren. So lange rühren, bis eine gebundene Masse entstanden ist.

2 Eigelb nach und nach unterrühren (jedes Eigelb knapp ½ Minute). Mehl mit Speisestärke und Backpulver mischen, sieben und abwechselnd portionsweise mit der Sahne auf mittlerer Stufe unterrühren. Ananasstücke unterrühren. Den Teig halbieren.

3 Die Hälfte des Teiges in einen Spritzbeutel mit Lochtülle (Ø etwa 10 mm) füllen und daraus 20 Ringe (Ø 4–5 cm) mit etwas Abstand zueinander auf ein Backblech (gefettet, mit Backpapier belegt) spritzen.

4 Restlichen Teig auf die gleiche Weise verarbeiten. Die Backbleche nacheinander (bei Heißluft zusammen) in den Backofen schieben.

Ober-/Unterhitze:
etwa 180 °C (vorgeheizt)
Heißluft: etwa 160 °C (vorgeheizt)
Gas: Stufe 2–3 (vorgeheizt)
Backzeit: etwa 10 Min., je Backblech

5 Die Gebäckringe mit dem Backpapier von den Backblechen auf Kuchenroste ziehen und erkalten lassen.

6 Für den Guss Puderzucker mit Zitronensaft zu einer dickflüssigen Masse verrühren. Die Gebäckringe damit bestreichen und sofort mit Ananasstücken bestreuen. Guss fest werden lassen.

Tipp:
Die Ananasringe können etwa 10 Tage in einer gut schließenden Dose aufbewahrt werden; durch die Ananas werden sie dann weicher.

Halloween-Plätzchen

etwa 50 Stück

Zubereitungszeit: 120 Min., ohne Kühlzeit
Backzeit: 10–12 Min., je Backblech

Pro Stück:
E: 1 g, F: 3 g, Kh: 9 g, kJ: 297, kcal: 71

Zum Vorbereiten:
- **100 g Pecannusskerne, geröstet und gesalzen**
- **1 Msp. Cayennepfeffer**
- **1 Prise gemahlener Ingwer**

Für den Knetteig:
- **200 g Weizenmehl**
- **1 gestr. TL Backpulver**
- **80 g Puderzucker**
- **1 Eigelb (Größe M)**
- **120 g Butter oder Margarine**

Für den Guss:
- **200 g gesiebter Puderzucker**
- **etwa 2 EL Orangensaft**
- **evtl. rote und gelbe Speisefarbe**
- **1 EL Zitronensaft**
- **½ gestr. TL Kakaopulver**

1 Zum Vorbereiten Pecannusskerne fein mahlen und mit Cayennepfeffer und Ingwer mischen.

2 Für den Teig Mehl, Backpulver und Puderzucker mischen und in eine Rührschüssel sieben. Die Nuss-Gewürz-Mischung, Eigelb und Butter oder Margarine hinzufügen.

3 Die Zutaten mit Handrührgerät mit Knethaken zunächst kurz auf niedrigster, dann auf höchster Stufe gut durcharbeiten.

4 Anschließend auf einer bemehlten Arbeitsfläche zu einem glatten Teig verkneten. Den Teig in Folie gewickelt etwa 30 Minuten kalt stellen.

5 Den Teig auf der bemehlten Arbeitsfläche etwa 2 mm dick ausrollen. Aus zwei Dritteln des Teiges etwa 30 Kürbisse, aus dem restlichen Teig etwa 20 Geister (Ø 4–5 cm) ausstechen und auf Backbleche (gefettet, mit Backpapier belegt) legen. Die Backbleche nacheinander (bei Heißluft zusammen) in den Backofen schieben.

Ober-/Unterhitze: etwa 180 °C (vorgeheizt)
Heißluft: etwa 160 °C (vorgeheizt)
Gas: Stufe 2–3 (vorgeheizt)
Backzeit: 10–12 Min., je Backblech.

6 Die Plätzchen mit dem Backpapier von den Backblechen auf Kuchenroste ziehen und erkalten lassen.

7 Für den Guss etwa 130 g von dem Puderzucker mit Orangensaft und evtl. Speisefarbe zu einer dickflüssigen, leicht orangefarbenen Masse verrühren. Die Kürbisplätzchen damit bestreichen.

8 Restlichen Puderzucker mit Zitronensaft zu einer dickflüssigen Masse verrühren und die Geisterplätzchen damit bestreichen. Restlichen Guss mit Kakao verrühren, in einen kleinen Gefrierbeutel füllen und eine kleine Ecke abschneiden. Die Plätzchen mit Gesichtern verzieren und den Guss fest werden lassen.

Tipp:
Sie können auch andere Motive ausstechen.
Die Plätzchen trocken in einer gut schließenden Dose aufbewahren.

Strudelschnecken

etwa 40 Stück

Zubereitungszeit: 90 Min., ohne Ruhe- und Kühlzeit
Backzeit: 10–15 Min., je Backblech

Pro Stück:
E: 1 g, F: 2 g, Kh: 8 g, kJ: 231, kcal: 55

Für den Strudelteig:
- **150 g Weizenmehl**
- **70 ml lauwarmes Wasser**
- **2 EL Nussöl**

Für die Füllung:
- **200 g gemischte, kandierte Früchte**
- **50 g Mohnsamen**
- **5 EL Schlagsahne**
- **40 g Zucker**

Zum Bestreichen:
- **2 EL Nussöl**

Für den Guss:
- **30 g gesiebter Puderzucker**
- **1 TL Orangensaft**

1 Für den Teig Mehl in eine Rührschüssel sieben. Wasser und Nussöl hinzufügen und die Zutaten mit Handrührgerät mit Knethaken zunächst kurz auf niedrigster, dann auf höchster Stufe gut durcharbeiten.

2 Anschließend auf einer bemehlten Arbeitsfläche zu einem glatten Teig verkneten, ihn auf Backpapier in einen heißen, trockenen Kochtopf (vorher Wasser darin kochen) legen, den Topf mit einem Deckel verschließen und den Teig etwa 30 Minuten ruhen lassen.

3 Für die Füllung inzwischen kandierte Früchte fein hacken, in eine Schüssel geben und mit Mohn, Sahne und Zucker mischen.

4 Ein Drittel des Teiges auf einem bemehlten Geschirrtuch sehr dünn ausrollen und daraus 40 Taler (Ø etwa 5 cm) ausstechen. Teigtaler auf Backbleche (gefettet, mit Backpapier belegt) legen.

5 Restlichen Teig auf einem bemehlten Geschirrtuch zu einem Rechteck (etwa 30 x 65 cm) ausrollen und mit Nussöl bestreichen.

6 Die Füllung auf dem Teigrechteck verteilen, dabei an den Längsseiten einen etwa 2 cm breiten Rand frei lassen. Den Teig mit Hilfe des Geschirrtuches von der breiten Seite her aufrollen. Die Rolle mit einem scharfen Messer in 40 etwa 1,5 cm dicke Scheiben schneiden.

7 Die Teigscheiben auf die Teigtaler legen und leicht auseinander drücken. Die Backbleche nacheinander (bei Heißluft zusammen) in den Backofen schieben.

Ober-/Unterhitze: etwa 200 °C (vorgeheizt)
Heißluft: etwa 180 °C (vorgeheizt)
Gas: Stufe 3–4 (vorgeheizt)
Backzeit: 10–15 Min., je Backblech.

8 Das Gebäck mit dem Backpapier von den Backblechen auf Kuchenroste ziehen und erkalten lassen.

9 Für den Guss Puderzucker mit Orangensaft zu einer dickflüssigen Masse verrühren, in einen kleinen Gefrierbeutel füllen und eine kleine Ecke abschneiden. Den Guss schneckenförmig auf das Gebäck spritzen und fest werden lassen.

Zitronenbaguettes

etwa 80 Stück

Zubereitungszeit: 90 Min., ohne Teiggehzeit
Backzeit: 10–15 Min., je Backblech

Pro Stück:
E: 1 g, F: 2 g, Kh: 5 g, kJ: 196, kcal: 47

Für den Hefeteig:
- **350 g Weizenmehl**
- **1 Pck. (42 g) frische Hefe**
- **100 ml lauwarme Milch**
- **70 g Zucker**
- **½ gestr. TL Salz**
- **½ Fläschchen Zitronen-Aroma**
- **1 Ei (Größe M)**
- **200 g zerlassene, abgekühlte Butter oder Margarine**

Zum Bestreichen:
- **1 Eigelb**
- **2 EL Milch**

Für den Guss:
- **100 g gesiebter Puderzucker**
- **1–2 EL Zitronensaft**

1 Für den Teig Mehl in eine Rührschüssel sieben. In die Mitte eine Vertiefung drücken. Hefe hineinbröckeln und etwas von der Milch und von dem Zucker hinzufügen. Mit einer Gabel vorsichtig mit etwas Mehl verrühren und etwa 10 Minuten stehen lassen.

2 Salz, Aroma, Ei, Butter oder Margarine und restliche Milch und Zucker hinzufügen. Die Zutaten mit Handrührgerät mit Knethaken zunächst auf niedrigster, dann auf höchster Stufe in etwa 5 Minuten zu einem Teig verarbeiten. Den Teig zugedeckt so lange an einem warmen Ort stehen lassen, bis er sich sichtbar vergrößert hat.

3 Den Teig aus der Schüssel nehmen und auf einer bemehlten Arbeitsfläche nochmals kurz durchkneten. Aus dem Teig 4 Rollen (je 30 cm Länge) formen. Jede Teigrolle in 20 Scheiben schneiden.

4 Teigscheiben zu kleinen Baguettes formen, diese auf Backbleche (gefettet, mit Backpapier belegt) legen. Die Teigoberfläche mit einem scharfen Messer mehrfach einritzen. Die Teigbaguettes zugedeckt nochmals 15 Minuten an einem warmen Ort gehen lassen.

5 Zum Bestreichen Eigelb und Milch verschlagen. Die Teigbaguettes damit bestreichen und die Backbleche nacheinander (bei Heißluft zusammen) in den Backofen schieben.

Ober-/Unterhitze:
etwa 180 °C (vorgeheizt)
Heißluft: etwa 160 °C (vorgeheizt)
Gas: Stufe 2–3 (vorgeheizt)
Backzeit: 10–15 Min., je Backblech.

6 Die Baguettes mit dem Backpapier vom Backblech auf Kuchenroste ziehen und erkalten lassen.

7 Für den Guss Puderzucker mit Zitronensaft zu einer dickflüssigen Masse verrühren. Die Baguettes damit bestreichen und den Guss fest werden lassen.

Tipp:
Die Baguettes lassen sich ohne Guss einfrieren.

Nuss-Nougat-Plätzchen

etwa 60 Stück

Zubereitungszeit: 90 Min., ohne Abkühlzeit
Backzeit: 20–25 Min., je Backblech

Pro Stück:
E: 1 g, F: 4 g, Kh: 12 g, kJ: 372, kcal: 89

Zum Vorbereiten:
- **200 g Nuss-Nougat**

Für die Nougatmasse:
- **2 Eier (Größe M)**
- **200 g Zucker**
- **1 Pck. Vanillin-Zucker**
- **1 Msp. gemahlene Nelken**
- **1 Msp. geriebene Muskatnuss**
- **3 Tropfen Zitronen-Aroma**
- **50 g Rosinen**
- **30 g fein gewürfeltes Orangeat**
- **30 g fein gewürfeltes Zitronat (Sukkade)**
- **250 g gemahlene Haselnusskerne**

- **etwa 60 Backoblaten (Ø etwa 5 cm)**

Für den Guss:
- **250 g gesiebter Puderzucker**
- **4–5 EL Zitronensaft**

Nach Belieben zum Bestreuen:
- **20 g fein gewürfeltes Orangeat**
- **20 g fein gewürfeltes Zitronat (Sukkade)**

1 Zum Vorbereiten Nuss-Nougat nach Packungsanleitung auflösen und abkühlen lassen.

2 Für die Nougatmasse Eier mit Handrührgerät mit Rührbesen auf höchster Stufe in 1 Minute schaumig schlagen, Zucker und Vanillin-Zucker mischen, in 1 Minute einstreuen, dann noch 2 Minuten schlagen.

3 Nuss-Nougat kurz unterrühren. Nelken, Muskat, Aroma, Rosinen, Orangeat, Zitronat und Haselnusskerne mischen und kurz unterheben.

4 Die Masse mit Hilfe eines feuchten Messers bergartig auf Backoblaten streichen, auf Backbleche legen und die Backbleche nacheinander (bei Heißluft zusammen) in den Backofen schieben.

Ober-/Unterhitze: etwa 140 °C (vorgeheizt)
Heißluft: etwa 120 °C (vorgeheizt)
Gas: etwa Stufe 1 (vorgeheizt)
Backzeit: 20–25 Min., je Backblech.

5 Die Plätzchen von den Backblechen nehmen und auf Kuchenroste legen.

6 Für den Guss Puderzucker mit Zitronensaft zu einer dickflüssigen Masse verrühren und die noch warmen Plätzchen damit bestreichen.

7 Nach Belieben die Plätzchen mit Orangeat und Zitronat bestreuen und die Plätzchen erkalten lassen.

Nougatkonfekt

etwa 50 Stück

Zubereitungszeit: 65 Min.
Backzeit: etwa 10 Min.

Pro Stück:
E: 1 g, F: 2 g, Kh: 7 g,
kJ: 227, kcal: 54

Für die Marzipanmasse:

- **150 g Marzipan-Rohmasse**
- **150 g Zucker**
- **1½ Eiweiß (Größe M)**
- **60 g Weizenmehl**
- **1 Msp. Backpulver**

Zum Bestreuen:

- **40 g abgezogene, gehackte Mandeln**

Für die Füllung:

- **150 g Schichtnougat (hell/dunkel)**

Zum Bestäuben:

- **Puderzucker**

1 Für die Marzipanmasse Marzipan-Rohmasse in feine Stücke schneiden und in eine Rührschüssel geben. Zucker und Eiweiß hinzufügen. Die Zutaten mit dem Pürierstab fein pürieren.

2 Mehl und Backpulver mischen, auf die Marzipanmasse sieben und mit Handrührgerät mit Rührbesen auf mittlerer Stufe unterrühren.

3 Die Marzipanmasse mit einer angefeuchteten Teigkarte auf ein Backblech (30 x 40 cm, gefettet, mit Backpapier belegt) streichen. Die Mandeln auf den Teig streuen. Das Backblech in den Backofen schieben.

Ober-/Unterhitze:
etwa 200 °C (vorgeheizt)
Heißluft: etwa 180 °C (vorgeheizt)
Gas: Stufe 3–4 (vorgeheizt)
Backzeit: etwa 10 Min.

4 Das Backblech auf einen Kuchenrost stellen und die Gebäckplatte etwas abkühlen lassen. Die Gebäckplatten mit einem scharfen Küchenmesser in Rechtecke von 3 x 4 cm schneiden.

5 Für die Füllung Schichtnougat in etwa 50 dünne Scheiben in der Größe der Rechtecke schneiden. Die Hälfte der Rechtecke auf der Oberseite mit je einer Nougatscheibe belegen, die restlichen Rechtecke mit der Unterseite darauf legen, andrücken und das Konfekt mit Puderzucker bestäuben.

Tipp:
Schichtnougat lässt sich besonders gut schneiden, wenn er vorher eine Weile kalt gestellt wurde.

Knusperstreifen

etwa 60 Stück

Zubereitungszeit: 90 Min., ohne Kühlzeit

Pro Stück:
E: 1 g, F: 4 g, Kh: 9 g, kJ: 348, kcal: 83

Für die Knuspermasse:

- **100 g Vollmilchschokolade mit gehackten Haselnusskernen**
- **100 g Orangeat**
- **150 g Vollkornkekse**
- **200 g Marzipan-Rohmasse**
- **200 g Kuh-Bonbons (Sahne-Muh-Muhs)**

- **gesiebter Puderzucker**

Für den Guss:

- **100 g Vollmilchschokolade mit gehackten Haselnusskernen**
- **150 g Vollmilch-Kuvertüre**
- **20 g Kokosfett**

1 Für die Knuspermasse Schokolade und Orangeat hacken. Kekse in Stücke brechen und in einen Gefrierbeutel geben. Beutel fest verschließen und die Kekse mit einer Teigrolle zerbröseln. Keksbrösel, Schokoladen- und Orangeatstückchen in einer Schüssel mischen. Marzipan-Rohmasse und Kuh-Bonbons in sehr kleine Stücke schneiden und hinzufügen.

2 Die Zutaten mit den Händen zu einer festen Masse verkneten. Die Masse auf einer mit Puderzucker bestäubten Arbeitsfläche zu einem Rechteck (20 x 30 cm) ausrollen und in Streifen (2 x 5 cm) schneiden.

3 Für den Guss Schokolade in Stücke brechen. Kuvertüre in kleine Stücke hacken. Schokolade und Kuvertüre mit Kokosfett in einem kleinen Topf im Wasserbad bei schwacher Hitze zu einer geschmeidigen Masse verrühren. Die Schokoladen-Marzipan-Streifen mit Hilfe einer Gabel einzeln in den Guss tauchen, abtropfen lassen und auf Backpapier legen. Den Guss fest werden lassen.

Tipp:
Die Kuh-Bonbons lassen sich besser schneiden, wenn sie vorher eine Weile in den Kühlschrank gelegt wurden. Knusperstreifen kühl und trocken aufbewahren.

Sirupstangen

etwa 50 Stück

Zubereitungszeit: 120 Min., ohne Kühlzeit
Backzeit: etwa 12 Min., je Backblech

Pro Stück:
E: 1 g, F: 2 g, Kh: 9 g, kJ: 248, kcal: 59

- **70 g heller Sirup**
- **100 g Zucker**
- **120 g Butter oder Margarine**
- **1 Ei (Größe M)**
- **100 g fein gewürfeltes Zitronat (Sukkade)**
- **250 g Weizenmehl**
- **1/2 gestr. TL Backpulver**
- **1 Pck. (40 g) Rote-Grütze-Pulver**
- **40 g Speisestärke**

1 Sirup, Zucker und Butter oder Margarine erwärmen, unter Rühren zerlassen, in eine Rührschüssel geben und kalt stellen.

2 Unter die fast erkaltete Masse mit Handrührgerät mit Rührbesen auf höchster Stufe Ei und Zitronat rühren.

3 Mehl mit Backpulver mischen und sieben. Zwei Drittel davon auf mittlerer Stufe unterrühren. Den Teigbrei mit dem restlichen Mehlgemisch auf einer bemehlten Arbeitsfläche zu einem glatten Teig verkneten.

4 Den Teig halbieren. Eine Hälfte des Teiges mit Rote-Grütze-Pulver verkneten. Restlichen Teig mit Speisestärke verkneten. Beide Teige in Folie gewickelt etwa 30 Minuten kalt stellen.

5 Jede Teighälfte zu einer Rolle (etwa 50 cm Länge) formen und in etwa 1 cm dicke Scheiben schneiden. Die Teigscheiben zu Rollen (etwa 13 cm Länge) formen. Jeweils 1 helle und rote Teigrolle zu einer Kordel zusammendrehen, an den Enden leicht zusammendrücken. Die Stangen auf Backbleche (gefettet, mit Backpapier belegt) legen.

6 Die Backbleche nacheinander (bei Heißluft zusammen) in den Backofen schieben.

Ober-/Unterhitze: etwa 180 °C (vorgeheizt)
Heißluft: etwa 160 °C (vorgeheizt)
Gas: Stufe 2–3 (vorgeheizt)
Backzeit: etwa 12 Min., je Backblech.

7 Die Gebäckstangen mit dem Backpapier von den Backblechen auf Kuchenroste ziehen und erkalten lassen.

Tipp:
Sie können die Enden der erkalteten Stangen in Zitronenguss tauchen. Dafür 150 g gesiebten Puderzucker mit 2–3 Esslöffeln Zitronensaft zu einem glatten Guss verrühren.

Mandel-Honig-Würfel

etwa 50 Stück

Zubereitungszeit: 90 Min., ohne Abkühlzeit
Backzeit: 35–40 Min.

Pro Stück:
E: 2 g, F: 7 g, Kh: 12 g, kJ: 521, kcal: 124

Für den Rührteig:
- **250 g Butter oder Margarine**
- **250 g brauner Zucker**
- **1 Pck. Finesse Orangenfrucht**
- **1 Prise Salz**
- **2 Pck. Bourbon-Vanille-Zucker**
- **4 Eier (Größe M)**
- **250 g Weizenmehl**
- **2 gestr. TL Backpulver**
- **100 g abgezogene, gemahlene Mandeln**
- **Saft von 1 Orange**

Zum Tränken:
- **100 ml Orangensaft**
- **75 g flüssiger Honig**
- **50 ml Orangenlikör**

Zum Garnieren:
- **2 Orangen (unbehandelt)**
- **4 EL Zucker**
- **100 g abgezogene Mandeln**

1 Für den Teig Butter oder Margarine mit Handrührgerät mit Rührbesen auf höchster Stufe geschmeidig rühren. Nach und nach Zucker, Orangenfrucht, Salz und Vanille-Zucker unterrühren, so lange rühren, bis eine gebundene Masse entstanden ist.

2 Eier nach und nach unterrühren (jedes Ei etwa 1/2 Minute). Mehl und Backpulver mischen, sieben, mit den Mandeln mischen und portionsweise abwechselnd mit dem Orangensaft auf mittlerer Stufe unterrühren.

3 Einen Backrahmen (25 x 25 cm) auf ein mit Backpapier belegtes Backblech stellen. Den Teig im Backrahmen verstreichen und das Backblech in den Backofen schieben.

Ober-/Unterhitze:
etwa 180 °C (vorgeheizt)
Heißluft: etwa 160 °C
(nicht vorgeheizt)
Gas: Stufe 2–3 (nicht vorgeheizt)
Backzeit: 35–40 Min.

4 Zum Tränken Orangensaft, Honig und Orangenlikör in einem Topf erhitzen und den Kuchen sofort nach dem Backen damit bestreichen. Das Backblech auf einen Kuchenrost stellen und den Kuchen erkalten lassen.

5 Den Backrahmen lösen und entfernen. Den Kuchen mit einem Messer in kleine Würfel (3,5 x 3,5 cm) schneiden.

6 Zum Garnieren Orangen waschen, abtrocknen und mit einem Zestenreißer die Schale abschälen. Orangenzesten in Zucker wälzen und jeden Honig-Mandel-Würfel mit einer Mandel und Zesten garnieren.

Tipp:
Die Würfel kühl und trocken aufbewahren und bald verzehren.

Hagebuttenherzen

etwa 40 Stück

Zubereitungszeit: 70 Min., ohne Kühlzeit
Backzeit: etwa 15 Min., je Backblech

Pro Stück:
E: 1 g, F: 6 g, Kh: 15 g, kJ: 503, kcal: 120

Für den Knetteig:
- **200 g Weizenmehl**
- **75 g Zucker**
- **2 Pck. Bourbon-Vanille-Zucker**
- **1 Prise Salz**
- **1 Eigelb (Größe M)**
- **125 g Butter oder Margarine**

Für die Streusel:
- **200 g Weizenmehl**
- **75 g Zucker**
- **1 Prise Salz**
- **½ gestr. TL gemahlener Zimt**
- **140 g Butter**

Zum Bestreichen:
- **200 g Hagebuttenkonfitüre**

Zum Bestäuben:
- **2 EL Puderzucker**

1 Für den Teig Mehl in eine Rührschüssel sieben. Zucker, Vanille-Zucker, Salz, Eigelb und Butter oder Margarine hinzufügen und mit Handrührgerät mit Knethaken zunächst auf niedrigster, dann auf höchster Stufe gut durcharbeiten.

2 Anschließend auf der bemehlten Arbeitsfläche zu einem glatten Teig verkneten. Den Teig in Folie gewickelt 30 Minuten kalt stellen.

3 Für die Streusel Mehl in eine Schüssel sieben, Zucker, Salz, Zimt und Butter hinzufügen und mit Handrührgerät mit Rührbesen zu feinen Streuseln verarbeiten.

4 Den Teig portionsweise auf einer bemehlten Arbeitsfläche dünn ausrollen und 40 Herzen ausstechen.

5 Zum Bestreichen Hagebuttenkonfitüre gut verrühren, die Herzen damit bestreichen und mit den Zimtstreuseln bestreuen.

6 Streuselherzen mit einem Messer oder einer Palette auf Backbleche (gefettet, mit Backpapier belegt) setzen und die Backbleche nacheinander (bei Heißluft zusammen) in den Backofen schieben.

Ober-/Unterhitze:
180–200 °C (vorgeheizt)
Heißluft: 160–180 °C (vorgeheizt)
Gas: etwa Stufe 3 (vorgeheizt)
Backzeit: etwa 15 Min., je Backblech.

7 Die Herzen mit Backpapier von den Backblechen auf Kuchenroste ziehen und erkalten lassen. Anschließend die Herzen mit Puderzucker bestäuben.

Tipp:
Bereiten Sie Himbeer- oder Orangenherzen zu, indem Sie statt Hagebuttenkonfitüre Himbeerkonfitüre oder Orangenmarmelade verwenden.

Süsse Buletten

etwa 35 Stück

Zubereitungszeit: 60 Min., ohne Kühlzeit
Backzeit: 10–15 Min.

Pro Stück:
E: 1 g, F: 4 g, Kh: 7 g, kJ: 296, kcal: 71

Zum Vorbereiten:
- **50 g Sonnenblumenkerne**
- **100 g Rosinen**
- **50 g getrocknete Aprikosen**

Für den Knetteig:
- **100 g Weizenmehl**
- **½ gestr. TL Backpulver**
- **70 g Zucker**
- **1 Msp. gemahlener Zimt**
- **1 Ei (Größe M)**
- **50 g abgezogene, gehackte Mandeln**
- **50 g Butter oder Margarine**

Für den Guss:
- **150 g Stachelbeerkonfitüre**
- **30 g Butter**

1 Zum Vorbereiten Sonnenblumenkerne, Rosinen und Aprikosen fein hacken.

2 Für den Teig Mehl mit Backpulver mischen und in eine Rührschüssel sieben. Zucker, Zimt, Ei, Mandeln, Sonnenblumenkerne, Rosinen, Aprikosen und Butter oder Margarine hinzufügen. Die Zutaten mit Handrührgerät mit Knethaken zunächst kurz auf niedrigster, dann auf höchster Stufe gut durcharbeiten.

3 Anschließend auf einer bemehlten Arbeitsfläche zu einem glatten Teig verkneten. Sollte er kleben, ihn in Folie gewickelt eine Zeit lang kalt stellen.

4 Den Teig auf der bemehlten Arbeitsfläche zu einer Rolle (etwa 35 cm Länge) formen. Die Rolle in 1 cm dicke Scheiben schneiden. Mit bemehlten Händen kleine Buletten daraus formen und auf ein Backblech (gefettet, mit Backpapier belegt) legen.

5 Das Backblech in den Backofen schieben.

Ober-/Unterhitze: etwa 180 °C (vorgeheizt)
Heißluft: etwa 160 °C (vorgeheizt)
Gas: Stufe 2–3 (vorgeheizt)
Backzeit: 10–15 Min.

6 Das Gebäck mit dem Backpapier vom Backblech auf einen Kuchenrost ziehen und erkalten lassen.

7 Für den Guss Konfitüre durch ein Sieb streichen und mit Butter in einem kleinen Topf unter Rühren etwa 2 Minuten köcheln lassen. Den heißen Guss in Klecksen auf das Gebäck geben und fest werden lassen.

Tipp:
Anstelle von Stachelbeerkonfitüre Erdbeer- oder Kirschkonfitüre verwenden

Halbmonde

etwa 50 Stück

Zubereitungszeit: 60 Min., ohne Kühlzeit
Backzeit: 10–12 Min., je Backblech

Pro Stück:
E: 1 g, F: 5 g, Kh: 8 g, kJ: 341, kcal: 81

Für den Knetteig:
- **250 g Weizenmehl**
- **½ gestr. TL Backpulver**
- **125 g Zucker**
- **1 Pck. Vanillin-Zucker**
- **je 1 Msp. gemahlener Zimt, Kardamom, Nelken und Muskatblüte**
- **1 Ei (Größe M)**
- **125 g Butter oder Margarine**
- **100 g gehackte Haselnusskerne**

Für den Guss:
- **100–150 g Halbbitter-Kuvertüre**
- **1 TL Speiseöl**

1 Für den Teig Mehl mit Backpulver mischen und in eine Rührschüssel sieben. Zucker, Vanillin-Zucker, Gewürze, Ei, Butter oder Margarine und Haselnusskerne hinzufügen und mit Handrührgerät mit Knethaken zunächst kurz auf niedrigster, dann auf höchster Stufe gut durcharbeiten.

2 Anschließend auf der bemehlten Arbeitsfläche zu einem glatten Teig verkneten. Sollte er kleben, ihn eine Zeit lang kalt stellen.

3 Den Teig knapp ½ cm dick ausrollen, etwa 50 Halbmonde ausstechen und auf mit Backpapier belegte Backbleche legen. Die Backbleche nacheinander (bei Heißluft zusammen) in den Backofen schieben.

Ober-/Unterhitze: etwa 180 °C (vorgeheizt)
Heißluft: etwa 160 °C (vorgeheizt)
Gas: Stufe 2–3 (vorgeheizt)
Backzeit: 10–12 Min., je Backblech.

4 Die Halbmonde mit dem Backpapier von den Backblechen ziehen und auf Kuchenrosten erkalten lassen.

5 Für den Guss die Kuvertüre hacken, mit dem Öl in einem kleinen Topf im Wasserbad bei schwacher Hitze zu einer geschmeidigen Masse verrühren und die Halbmonde mit einer Spitze eintauchen. Die Halbmonde auf Backpapier legen und den Guss fest werden lassen.

Tipp:
Bitte beachten Sie beim Auflösen der Kuvertüre die Packungsanleitung.

Nordseewatt

etwa 48 Stück

Zubereitungszeit: 50 Min., ohne Abkühlzeit
Backzeit: 15–20 Min.

Pro Stück:
E: 1 g, F: 3 g, Kh: 12 g, kJ: 345, kcal: 82

Für den Teig:
- **60 g getrocknete, geschwefelte Apfelringe**
- **170 g Butter oder Margarine**
- **70 g Zucker**
- **½ gestr. TL Salz**
- **100 g heller Sirup**
- **2 Pck. Bourbon-Vanille-Zucker**
- **1 Ei (Größe M)**
- **400 g Weizenmehl**
- **1 gestr. TL Backpulver**

Für den Guss:
- **50 g gesiebter Puderzucker**
- **1 TL Kakaopulver**
- **1–2 TL Zitronensaft**

Zum Garnieren:
- **Meeresfrüchte aus Fruchtgummi**

1 Für den Teig Apfelringe sehr fein schneiden, mit Butter oder Margarine, Zucker, Salz, Sirup und Vanille-Zucker in eine Rührschüssel geben und mit dem Pürierstab fein pürieren.

2 Das Ei mit Handrührgerät mit Rührbesen in etwa ½ Minute unterrühren. Mehl mit Backpulver mischen und sieben. Die Hälfte des Mehlgemisches portionsweise auf mittlerer Stufe unterrühren. Restliches Mehlgemisch auf einer Arbeitsfläche unterkneten.

3 Den Teig auf ein Backblech (30 x 40 cm, gefettet) geben und mit bemehlten Händen wellenförmig andrücken. Das Backblech in den Backofen schieben.

Ober-/Unterhitze: etwa 180 °C (vorgeheizt)
Heißluft: etwa 160 °C (vorgeheizt)
Gas: Stufe 2–3 (vorgeheizt)
Backzeit: 15–20 Min.

4 Das Backblech auf einen Kuchenrost stellen. Gebäck etwas abkühlen lassen und lauwarm in Quadrate (etwa 5 x 5 cm) schneiden.

5 Für den Guss Puderzucker und Kakao mit Zitronensaft zu einer dickflüssigen Masse verrühren. Die Masse in einen kleinen Gefrierbeutel füllen, eine kleine Ecke abschneiden und kleine „Wattwürmer“ auf die Gebäckquadrate spritzen.

6 Zum Garnieren Meeresfrüchte evtl. mit restlichem Guss auf der Unterseite bestreichen und auf das Gebäck kleben. Guss fest werden lassen.

Tipp:
Die Gebäckwürfel in einer gut schließenden Dose aufbewahren und zwischen die einzelnen Lagen etwas Backpapier legen.

Saure Herzen

etwa 30 Stück

Zubereitungszeit: 60 Min.
Backzeit: 90 Min.,
je Backblech

Pro Stück:
E: 1 g, F: 0 g, Kh: 6 g,
kJ: 107, kcal: 26

Für die Baisermasse:

- **3 Eiweiß (Größe M)**
- **150 g feinkörniger Zucker**
- **1 EL Zitronensaft**
- **2 Pck. Brausepulver Zitronen-Geschmack**
- **½ Pck. (20 g) Fruttina Zitrone (Fruchtpudding)**

Zum Bestreuen:

- **2 EL kleine, bunte Zuckerperlen**

1 Zum Vorbereiten zwei Stück Backpapier in Backblechgröße zuschneiden. Darauf mit etwas Abstand zueinander 30 Herzen (Ø etwa 7 cm) vorzeichnen. Auf 2 Backbleche legen.

2 Für die Baisermasse Eiweiß mit Handrührgerät mit Rührbesen auf höchster Stufe steif schlagen. Der Schnee muss so fest sein, dass ein Messerschnitt sichtbar bleibt. Nach und nach Zucker und Zitronensaft unterschlagen. So lange weiterschlagen, bis der Zucker gelöst ist.

3 Brausepulver und Fruttina mischen und unter den Eischnee rühren. Baisermasse portionsweise in einen Spritzbeutel mit Lochtülle (Ø etwa 10 mm) füllen und die vorgezeichneten Herzenumrisse nachspritzen.

4 Die Herzen mit Zuckerperlen bestreuen und die Backbleche nacheinander (bei Heißluft zusammen) in den Backofen schieben.

Ober-/Unterhitze:
etwa 100 °C (vorgeheizt)
Heißluft: etwa 80 °C
(nicht vorgeheizt)
Gas: 30 Minuten Stufe 1,
30 Minuten aus, 30 Minuten
Stufe 1 (nicht vorgeheizt)
Backzeit: 90 Min.,
je Backblech.

5 Die sauren Herzen mit dem Backpapier von den Backblechen auf Kuchenroste ziehen und erkalten lassen.

Tipp:
Anstelle von Fruttina kann auch ½ Päckchen Pudding-Pulver Vanille- oder Sahne-Geschmack und etwas gelbe Speisefarbe verwendet werden.

Konfetti-Ringe

etwa 50 Stück

Zubereitungszeit: 90 Min., ohne Kühlzeit
Backzeit: etwa 10 Min., je Backblech

Pro Stück:
E: 1 g, F: 4 g, Kh: 10 g, kJ: 338, kcal: 81

Für den Knetteig:
- **250 g Weizenmehl**
- **1 gestr. TL Backpulver**
- **100 g brauner Zucker**
- **1 Pck. Vanillin-Zucker**
- **75 g Doppelrahm-Frischkäse**
- **1 Pck. Paradiescreme Pfirsich-Geschmack**
- **175 g Butter oder Margarine**

Zum Bestreichen:
- **4 EL Schlagsahne**

Zum Bestreuen:
- **125 g Zucker-Konfetti**

1 Für den Teig Mehl mit Backpulver mischen und in eine Rührschüssel sieben. Zucker, Vanillin-Zucker, Frischkäse, Paradiescreme und Butter oder Margarine hinzufügen. Die Zutaten mit Handrührgerät mit Knethaken zunächst kurz auf niedrigster, dann auf höchster Stufe gut durcharbeiten.

2 Anschließend auf einer bemehlten Arbeitsfläche zu einem glatten Teig verkneten. Teig in Folie gewickelt etwa 30 Minuten kalt stellen.

3 Teig portionsweise auf der bemehlten Arbeitsfläche etwa 5 mm dick ausrollen und mit einer runden Form (Ø etwa 6 cm) 50 Kreise ausstechen. Mit einer sehr kleinen Form oder einer Lochtülle die Mitte der Kreise ausstechen, so dass Ringe entstehen. Die Ringe auf Backbleche (gefettet, mit Backpapier belegt) legen.

4 Teigringe mit Sahne bestreichen und mit Konfetti bestreuen. Die Backbleche nacheinander (bei Heißluft zusammen) in den Backofen schieben.

Ober-/Unterhitze:
etwa 200 °C (vorgeheizt)
Heißluft: etwa 180 °C (vorgeheizt)
Gas: Stufe 3–4 (vorgeheizt)
Backzeit: etwa 10 Min., je Backblech

5 Die Gebäckringe mit dem Backpapier von den Backblechen auf Kuchenroste ziehen und erkalten lassen.

Tipp:
Sie können nach Belieben auch Paradiescreme mit einer anderen Geschmacksrichtung verwenden. Anstelle von Zucker-Konfetti können auch bunte Zuckerperlen verwendet werden.

Spiegeleiertörtchen

etwa 30 Stück

Zubereitungszeit: 60 Min., ohne Kühlzeit
Backzeit: 15–20 Min.

Pro Stück:
E: 1 g, F: 4 g, Kh: 13 g,
kJ: 383, kcal: 92

Für den Knetteig:
- **150 g Weizenmehl**
- **60 g Zucker**
- **1 Pck. Vanillin-Zucker**
- **150 g Magerquark**
- **125 g Butter oder Margarine**

Für den Belag:
- **1 Dose Aprikosenhälften (Abtropfgewicht 480 g)**
- **250 ml (1/4 l) Aprikosensaft**
- **1 Pck. Backfeste Puddingcreme Vanille-Geschmack**

Zum Bestreichen:
- **2–3 EL Milch**

Zum Aprikotieren:
- **2 EL Aprikosenkonfitüre**
- **2 EL Wasser**

1 Für den Teig Mehl in eine Rührschüssel sieben. Zucker, Vanillin-Zucker, Quark und Butter oder Margarine hinzufügen. Zutaten mit Handrührgerät mit Knethaken zunächst kurz auf niedrigster, dann auf höchster Stufe gut durcharbeiten.

2 Anschließend auf einer bemehlten Arbeitsfläche zu einem glatten Teig verkneten und ihn in Folie gewickelt etwa 30 Minuten kalt stellen.

3 Teig portionsweise auf der bemehlten Arbeitsfläche etwa 5 mm dick ausrollen. Mit einem Ausstecher 30 runde Plätzchen (Ø etwa 8 cm) ausstechen und diese auf Backbleche (gefettet, mit Backpapier belegt) legen.

4 Für den Belag Aprikosenhälften in einem Sieb abtropfen lassen, Saft dabei auffangen und 250 ml (1/4 l) Saft abmessen. Aus dem Saft und der Puddingcreme nach Packungsanleitung einen Pudding zubereiten.

5 Je 1 Esslöffel der Puddingcreme in die Mitte der Plätzchen geben, darauf je eine Aprikosenhälfte legen, evtl. größere Aprikosenhälften nochmals halbieren. Die Teigränder mit Milch bestreichen und das Backblech in den Backofen schieben.

Ober-/Unterhitze:
etwa 180 °C (vorgeheizt)
Heißluft: etwa 160 °C (vorgeheizt)
Gas: Stufe 2–3 (vorgeheizt)
Backzeit: 15–20 Min.

6 Das Gebäck mit dem Backpapier vom Backblech auf einen Kuchenrost ziehen.

7 Zum Aprikotieren Konfitüre mit Wasser in einem kleinen Topf unter Rühren aufkochen lassen. Das Gebäck sofort nach dem Backen damit bestreichen und erkalten lassen.

Tipp:
Die Törtchen nur wenige Tage im Kühlschrank aufbewahren.
Sie können die Backfeste Puddingcreme auch durch Pudding-Pulver Vanille-Geschmack oder Sahne-Geschmack ersetzen, dann aber 350 ml Aprikosensaft verwenden.
Streuen Sie zusätzlich noch einige abgezogene, gehobelte Mandeln auf den Törtchenrand.

Süsse Füsschen

40–50 Stück

Zubereitungszeit: 90 Min., ohne Kühlzeit
Backzeit: 10–15 Min., je Backblech

Pro Stück:
E: 1 g, F: 4 g, Kh: 9 g, kJ: 308, kcal: 74

Für den Knetteig:
- **250 g Weizenmehl**
- **1 gestr. TL Backpulver**
- **75 g Zucker**
- **1 Pck. Vanillin-Zucker**
- **3 Tropfen Butter-Vanille-Aroma**
- **50 g Crème fraîche**
- **175 g Butter oder Margarine**

Zum Bestreichen:
- **1 Eigelb**
- **2 EL Milch**

Für den Guss:
- **125 g gesiebter Puderzucker**
- **rote Speisefarbe**
- **1–2 EL heißes Wasser**

1 Für den Teig Mehl mit Backpulver mischen und in eine Rührschüssel sieben. Zucker, Vanillin-Zucker, Aroma, Crème fraîche und Butter oder Margarine hinzufügen. Die Zutaten mit Handrührgerät mit Knethaken zunächst kurz auf niedrigster, dann auf höchster Stufe gut durcharbeiten.

2 Anschließend auf einer bemehlten Arbeitsfläche zu einem glatten Teig verkneten und zu einer Kugel formen. Sollte der Teig kleben, ihn in Folie gewickelt eine Zeit lang kalt stellen.

3 Den Teig portionsweise auf der bemehlten Arbeitsfläche etwa 1/2 cm dick ausrollen. Mit einem Ausstecher 40–50 Füße in beliebiger Größe ausstechen, diese auf Backbleche (gefettet, mit Backpapier belegt) legen.

4 Zum Bestreichen Eigelb mit Milch verschlagen. Die Teigfüße damit bestreichen und die Backbleche nacheinander (bei Heißluft zusammen) in den Backofen schieben.

Ober-/Unterhitze:
etwa 180 °C (vorgeheizt)
Heißluft: etwa 160 °C (vorgeheizt)
Gas: Stufe 2–3 (vorgeheizt)
Backzeit: 10–15 Min., je Backblech.

5 Gebäckfüße mit dem Backpapier von den Backblechen auf Kuchenroste ziehen und erkalten lassen.

6 Für den Guss Puderzucker mit roter Speisefarbe und Wasser zu einer dickflüssigen Masse verrühren und in einen kleinen Gefrierbeutel oder ein Papiertütchen füllen. Eine kleine Ecke abschneiden und auf jeden Zeh einen roten Punkt geben. Den Guss fest werden lassen.

Tipp:
Durch Crème fraîche sind auch dicker ausgerollte Plätzchen knusprig. Bestreuen Sie die Plätzchen vor dem Backen mit Hagelzucker oder gehackten Mandeln. Stechen Sie statt Füßen Blumen aus und spritzen Sie rote Punkte auf die Blütenblätter.

Hefehütchen

15–20 Stück

Zubereitungszeit: 50 Min., ohne Ruhezeit
Backzeit: 15–20 Min.

Pro Stück:
E: 3 g, F: 4 g, Kh: 23 g, kJ: 631, kcal: 151

Zum Vorbereiten:
- **1 Dose Ananasraspel (Abtropfgewicht 265 g)**

Für den Hefeteig:
- **375 g Weizenmehl**
- **1 Pck. Hefeteig Garant**
- **1 Becher (150 g) Crème fraîche**
- **125 g Zucker**
- **1 Pck. Finesse Geriebene Zitronenschale**
- **2 EL Schlagsahne**
- **50 g abgezogene, gemahlene Mandeln**

Zum Bestreichen:
- **1 Eigelb**
- **2 EL Milch**

Für die Schleifen:
- **Fruchtgummischnüre**

1 Zum Vorbereiten Ananasraspel in einem Sieb gut abtropfen lassen, evtl. auf Küchenpapier legen.

2 Für den Teig Mehl in eine Rührschüssel sieben und mit Hefeteig Garant sorgfältig vermischen. Crème fraîche, Zucker, Zitronenschale, Sahne, Mandeln und die abgetropften Ananasraspel hinzufügen.

3 Die Zutaten mit Handrührgerät mit Knethaken zunächst auf niedrigster, dann auf höchster Stufe in etwa 5 Minuten zu einem Teig verarbeiten (eine Teiggehzeit ist nicht erforderlich).

4 Den Teig mit Mehl bestäuben, aus der Schüssel nehmen und auf einer bemehlten Arbeitsfläche etwa 1 cm dick ausrollen. Aus dem Teig mit 2 verschiedenen Ausstechformen jeweils 15–20 Kreise (Ø 6 und 3 cm) ausstechen.

5 Die größeren Teigkreise auf ein Backblech (gefettet, mit Backpapier belegt) legen.

6 Zum Bestreichen Eigelb mit Milch verschlagen. Die größeren Teigkreise damit bestreichen. Die kleineren Teigkreise darauf legen, so dass ein Hut entsteht. Teighüte mit der Eigelbmilch bestreichen und etwa 15 Minuten ruhen lassen. Das Backblech in den Backofen schieben.

Ober-/Unterhitze:
etwa 200 °C (vorgeheizt)
Heißluft: etwa 180 °C (vorgeheizt)
Gas: Stufe 3–4 (vorgeheizt)
Backzeit: 15–20 Min.

7 Die Hefehütchen mit dem Backpapier vom Backblech auf einen Kuchenrost ziehen und erkalten lassen.

8 Um jedes Hefehütchen mit den Fruchtgummischnüren eine Schleife binden.

Tipp:
Statt Hefeteig Garant kann auch 1 Päckchen Trockenhefe verwendet werden. Dann den Teig nach Packungsanleitung gehen lassen.
Die Hütchen können ohne die Fruchtgummischnüre eingefroren werden.

Eierlikörtaler

etwa 40 Stück

Zubereitungszeit: 100 Min., ohne Kühlzeit
Backzeit: 8–10 Min., je Backblech

Pro Stück:
E: 1 g, F: 3 g, Kh: 7 g, kJ: 247, kcal: 59

Für den Biskuitteig:
- **2 Eier (Größe M)**
- **1 Eiweiß (Größe M)**
- **1 Prise Salz**
- **50 g Zucker**
- **1 EL Eierlikör**
- **60 g Weizenmehl**
- **30 g Speisestärke**
- **1 gestr. TL Backpulver**

Zum Bestreichen:
- **150 g Halbbitter-Kuvertüre**

Für die Füllung:
- **80 g weiße Schokolade**
- **20 g Butter**
- **40 ml Eierlikör**

1 Für den Teig Eier, Eiweiß und Salz mit Handrührgerät mit Rührbesen auf höchster Stufe in 1 Minute schaumig schlagen. Zucker in 1 Minute einstreuen, dann noch etwa 2 Minuten schlagen. Eierlikör unterrühren.

2 Mehl mit Speisestärke und Backpulver mischen, auf die Eiercreme sieben und kurz auf niedrigster Stufe unterrühren.

3 Den Teig in einen Spritzbeutel mit Lochtülle (Ø etwa 12 mm) füllen und insgesamt 80 Tupfen auf Backbleche (gefettet, mit Backpapier belegt) spritzen. Die Backbleche nacheinander (bei Heißluft zusammen) in den Backofen schieben.

Ober-/Unterhitze:
etwa 180 °C (vorgeheizt)
Heißluft: etwa 160 °C (vorgeheizt)
Gas: Stufe 2–3 (vorgeheizt)
Backzeit: 8–10 Min.,
je Backblech.

4 Das Gebäck mit dem Backpapier von den Backblechen ziehen und auf Kuchenrosten erkalten lassen.

5 Zum Bestreichen Kuvertüre in kleine Stücke hacken und in einem kleinen Topf im Wasserbad bei schwacher Hitze zu einer geschmeidigen Masse verrühren. Jeden Gebäcktaler auf der Unterseite damit bestreichen.

6 Für die Füllung Schokolade in kleine Stücke brechen und mit Butter und Eierlikör in einem kleinen Topf im Wasserbad bei schwacher Hitze zu einer geschmeidigen Masse verrühren. Die Schokoladenmasse in einen Rührbecher füllen und etwa 1 Stunde kalt stellen.

7 Die Schokoladenmasse mit Handrührgerät mit Rührbesen auf höchster Stufe gut cremig schlagen und in einen Spritzbeutel mit Lochtülle (Ø etwa 10 mm) füllen. Auf die Hälfte der Taler jeweils einen Tuff auf die Schokoladenseite spritzen, einen zweiten Taler mit der Schokoladenseite darauf setzen und leicht andrücken.

8 Creme fest werden lassen und die Eierlikörtaler in einer gut schließenden Dose im Kühlschrank aufbewahren.

Tipp:
Zum Einfüllen des Teiges den Spritzbeutel am besten in ein hohes Glas stellen.
Nach Belieben die Eierlikörtaler mit fertig gekauften Schokoladenblättern garnieren. Dazu jeweils einen Tupfen aufgelöste Kuvertüre auf die Oberseite der Taler geben, ein Schokoladenblatt auflegen und andrücken.

Frucht-Knusperchen

etwa 35 Stück

Zubereitungszeit: 50 Min., ohne Abkühlzeit
Backzeit: etwa 10 Min.

Pro Stück:
E: 1 g, F: 5 g, Kh: 12 g, kJ: 418, kcal: 100

Für den Rührteig:

- **100 g Butter oder Margarine**
- **125 g brauner Zucker (Kandisfarin)**
- **1 Pck. Vanillin-Zucker**
- **2 Eier (Größe M)**
- **100 g Weizenmehl**
- **1 gestr. TL Backpulver**
- **100 g knusprig gerösteter Weizen (Frühstückscerealien)**
- **50 g fein gewürfelte, getrocknete Aprikosen**
- **50 g Rosinen**
- **50 g Kokosraspel**

Zum Verzieren:

- **100 g Halbbitter-Kuvertüre**
- **30 g knusprig gerösteter Weizen (Frühstückscerealien)**

1 Für den Teig Butter oder Margarine mit Handrührgerät mit Rührbesen auf höchster Stufe geschmeidig rühren. Nach und nach Zucker und Vanillin-Zucker unterrühren, bis eine gebundene Masse entstanden ist. Eier nach und nach unterrühren (jedes Ei etwa ½ Minute).

2 Mehl und Backpulver mischen, sieben und portionsweise auf mittlerer Stufe unterrühren. Restliche Zutaten ebenfalls kurz auf niedrigster Stufe unterrühren.

3 Teig mit Hilfe von 2 Teelöffeln in walnussgroßen Häufchen auf ein Backblech (gefettet, mit Backpapier belegt) setzen und das Backblech in den Backofen schieben.

Ober-/Unterhitze:
etwa 180 °C (vorgeheizt)
Heißluft: etwa 160 °C (vorgeheizt)
Gas: Stufe 2–3 (vorgeheizt)
Backzeit: etwa 10 Min.

4 Die Knusperchen mit Backpapier vom Backblech auf einen Kuchenrost ziehen und erkalten lassen.

5 Zum Verzieren Kuvertüre in kleine Stücke hacken und in einem kleinen Topf im Wasserbad bei schwacher Hitze zu einer geschmeidigen Masse verrühren. Etwas davon mit Hilfe eines Teelöffels auf jedes Knusperchen geben, mit geröstetem Weizen bestreuen und die Kuvertüre fest werden lassen.

Tipp:
Die Knusperchen halten sich mehrere Tage frisch.
Anstelle der getrockneten Aprikosen können auch getrocknete Äpfel oder Feigen verwendet werden.

Schoko-Minz-Knöpfe

etwa 60 Stück

Zubereitungszeit: 120 Min., ohne Kühlzeit
Backzeit: 10–15 Min., je Backblech

Pro Stück:
E: 1 g, F: 2 g, Kh: 10 g, kJ: 277, kcal: 66

Für den Knetteig:
- **250 g Weizenmehl**
- **1 gestr. TL Backpulver**
- **20 g Kakaopulver**
- **100 g Puderzucker**
- **150 g Butter oder Margarine**
- **1 Ei (Größe M)**
- **1 Pck. Bourbon-Vanille-Zucker**

Für die Minzemasse:
- **50 g heller Sirup**
- **250 g gesiebter Puderzucker**
- **1 EL Zitronensaft**
- **einige Tropfen Pfefferminzöl (aus der Apotheke)**
- **einige Tropfen grüne Speisefarbe**

Zum Bestreichen:
- **30 g Halbbitter-Kuvertüre**

1 Für den Teig Mehl, Backpulver, Kakao und Puderzucker mischen und in eine Rührschüssel sieben. Butter oder Margarine, Ei und Vanille-Zucker dazugeben.

2 Die Zutaten mit Handrührgerät mit Knethaken zunächst kurz auf niedrigster, dann auf höchster Stufe gut durcharbeiten.

3 Anschließend auf einer bemehlten Arbeitsfläche zu einem glatten Teig verkneten und in Folie gewickelt etwa 30 Minuten kalt stellen.

4 Den Teig portionsweise auf der leicht bemehlten Arbeitsfläche 2–3 mm dick ausrollen und 60 Taler (etwa Ø 4,5 cm) ausstechen. Teigtaler auf Backbleche (gefettet, mit Backpapier belegt) legen.

5 Aus der Mitte jedes Teigtalers mit einer kleinen Lochtülle (Ø etwa 5 mm) nebeneinander zwei Löcher ausstechen, so dass die Taler wie Knöpfe aussehen. Die Backbleche nacheinander (bei Heißluft zusammen) in den Backofen schieben.

Ober-/Unterhitze: etwa 180 °C (vorgeheizt)
Heißluft: etwa 160 °C (vorgeheizt)
Gas: Stufe 2–3 (vorgeheizt)
Backzeit: 10–15 Min., je Backblech.

6 Die Taler mit dem Backpapier von den Backblechen auf Kuchenroste ziehen und erkalten lassen.

7 Für die Minzemasse Sirup, Puderzucker, Zitronensaft, Minzöl und etwas Speisefarbe in eine Rührschüssel geben. Die Zutaten mit Handrührgerät mit Knethaken zunächst kurz auf niedrigster, dann auf höchster Stufe gut durcharbeiten. Anschließend auf der Arbeitsfläche zu einer glatten Masse verkneten.

8 Masse portionsweise auf der mit Puderzucker bestäubten Arbeitsfläche knapp 2 mm dick ausrollen und 60 Taler (Ø etwa 3 cm) ausstechen.

9 Zum Bestreichen Kuvertüre in Stücke hacken, in einem kleinen Topf im Wasserbad bei schwacher Hitze zu einer geschmeidigen Masse verrühren und etwas abkühlen lassen.

10 Kuvertüre in einen kleinen Gefrierbeutel oder ein Papiertütchen füllen und eine Ecke abschneiden. In die Mitte jedes Schokotalers zwei kleine Tupfen spritzen, einen grünen Taler darauf legen und andrücken. Die Kuvertüre fest werden lassen und mit einem Stäbchen die „Knopflöcher" stechen.

Größe 38
Größe 42
Größe 44

Konfettistangen

Titelrezept
etwa 35 Stück

Zubereitungszeit: 60 Min., ohne Kühlzeit

Pro Stück:
E: 1 g, F: 5 g, Kh: 8 g, kJ: 353, kcal: 84

Für die Masse:
- **200 g weiße Crisp-Schokolade**
- **70 g Butter**
- **75 g weiße Schaumgebäck-Törtchen (Baiser)**
- **2–3 EL Orangenlikör**

Für den Guss:
- **125 g weiße Kuvertüre**

Zum Verzieren und Garnieren:
- **etwa 50 g Zucker-Konfetti oder Zuckerblümchen**

1 Für die Masse Schokolade in kleine Stücke brechen und mit der Butter in einem kleinen Topf im Wasserbad bei schwacher Hitze zu einer geschmeidigen Masse verrühren.

2 Schaumgebäck in einen Gefrierbeutel füllen. Beutel fest verschließen und das Gebäck mit einer Teigrolle zerkrümeln oder das Gebäck mit einem Messer klein hacken.

3 Gebäckkrümel in eine Schüssel geben und mit Likör beträufeln. Aufgelöste Schokolade hinzufügen. Die Zutaten gut vermischen.

4 Die Masse in einen Spritzbeutel mit Lochtülle (Ø etwa 12 mm) füllen und etwa 6 cm lange Stangen auf ein mit Backpapier belegtes Brett spritzen. Die Stangen fest werden lassen, evtl. an einen kühlen Ort stellen.

5 Für den Guss Kuvertüre in kleine Stücke hacken, in einem kleinen Topf im Wasserbad bei schwacher Hitze zu einer geschmeidigen Masse verrühren.

6 Stangen mit trockenen Händen vorsichtig nachformen oder -rollen, mit der aufgelösten Kuvertüre überziehen oder bestreichen, wieder auf das Backpapier legen und mit Zucker-Konfetti bestreuen oder mit Zuckerblümchen garnieren. Guss an einem kühlen Ort fest werden lassen.

Tipp:
Für eine Variante ohne Alkohol die Gebäckkrümel mit 2–3 Esslöffeln Maracujanektar oder Orangensaft anstelle von Orangenlikör beträufeln. Konfettistangen an einem kühlen Ort aufbewahren.

Haferflocken-Rum-Plätzchen

etwa 40 Stück

Zubereitungszeit: 90 Min.
Backzeit: 10–12 Min.,
je Backblech

Pro Stück:
E: 1 g, F: 3 g, Kh: 11 g,
kJ: 318, kcal: 76

Für den Rühr-Knetteig:

- **100 g Butter oder Margarine**
- **100 g Zucker**
- **1 Pck. Vanillin-Zucker**
- **1 Fläschchen Rum-Aroma**
- **1 Ei (Größe M)**
- **100 g Weizenmehl**
- **1 gestr. TL Backpulver**
- **200 g Haferflocken**

Für den Guss:

- **125 g gesiebter Puderzucker**
- **2 EL Rum oder Zitronensaft**
- **1 EL Johannisbeergelee**

1 Für den Teig Butter oder Margarine mit Handrührgerät mit Rührbesen auf höchster Stufe geschmeidig rühren. Nach und nach Zucker, Vanillin-Zucker und Rum-Aroma unterrühren. So lange rühren, bis eine gebundene Masse entstanden ist. Das Ei unterrühren (etwa ½ Minute).

2 Mehl mit Backpulver mischen, sieben und portionsweise auf mittlerer Stufe unterrühren. Anschließend auf der bemehlten Arbeitsfläche Haferflocken unterkneten. Sollte der Teig kleben, ihn eine Zeit lang kalt stellen.

3 Die Hälfte des Teiges auf der bemehlten Arbeitsfläche dünn ausrollen und mit einer runden Form (Ø etwa 6 cm) 20 Kreise ausstechen. Mit einer sehr kleinen Form oder einer Lochtülle die Mitte der Kreise ausstechen, so dass Ringe entstehen.

4 Die andere Hälfte des Teiges ebenfalls ausrollen und 20 Blätter ausstechen. Die Ringe und Blätter auf Backbleche (gefettet, mit Backpapier belegt) legen und die Backbleche nacheinander (bei Heißluft zusammen) in den Backofen schieben.

Ober-/Unterhitze:
180–200 °C (vorgeheizt)
Heißluft: 160–180 °C (vorgeheizt)
Gas: etwa Stufe 3 (vorgeheizt)
Backzeit: 10–12 Min., je Backblech.

5 Die Plätzchen nach dem Backen mit dem Backpapier von den Backblechen auf Kuchenroste ziehen.

6 Für den Guss Puderzucker mit Rum oder Zitronensaft und zum Teil mit glatt gerührtem Johannisbeergelee zu einer dickflüssigen Masse verrühren. Die noch warmen Plätzchen damit bestreichen und erkalten lassen.

Tipp:
Anstelle von 1 Fläschchen Rum-Aroma kann auch 1 Päckchen Jamaica-Rum-Aroma verwendet werden. Haferflocken-Rum-Plätzchen bleiben in einer gut schließenden Dose 3–4 Wochen frisch.

Biskvit-Rum-Taler

etwa 25 Stück

Zubereitungszeit: 45 Min., ohne Abkühlzeit
Backzeit: etwa 12 Min., je Backblech

Pro Stück:
E: 2 g, F: 2 g, Kh: 11 g, kJ: 309, kcal: 74

Für den Biskuitteig:

- **3 Eier (Größe M)**
- **120 g Zucker**
- **1 Prise Salz**
- **1 Pck. Jamaica-Rum-Aroma**
- **150 g Weizenmehl**
- **1 leicht geh. EL Kakaopulver**

Für die Füllung:

- **100 g Nuss-Nougat**

1 Für den Teig Eier mit Handrührgerät mit Rührbesen auf höchster Stufe in 1 Minute schaumig schlagen. Zucker und Salz in 1 Minute einstreuen, dann noch etwa 2 Minuten schlagen. Rum-Aroma kurz unterrühren.

2 Mehl in zwei Portionen auf die Eiercreme sieben und kurz auf niedrigster Stufe unterrühren. Vom Teig 5 gehäufte Esslöffel abnehmen und mit dem Kakao verrühren. Den Kakaoteig in einen kleinen Gefrierbeutel füllen und eine kleine Ecke abschneiden.

3 Den hellen Teig in einen Spritzbeutel mit kleiner Lochtülle füllen. Aus dem Teig etwa 50 Plätzchen (Ø etwa 3 cm) auf Backbleche (gefettet, mit Backpapier belegt) spritzen. Den dunklen Teig spiralförmig auf die hellen Plätzchen spritzen. Die Backbleche nacheinander (bei Heißluft zusammen) in den Backofen schieben.

Ober-/Unterhitze:
180–200 °C (vorgeheizt)
Heißluft: 160–180 °C (vorgeheizt)
Gas: etwa Stufe 3 (vorgeheizt)
Backzeit: etwa 12 Min., je Backblech.

4 Die Taler vom Backpapier lösen und auf Kuchenrosten erkalten lassen.

5 Für die Füllung Nuss-Nougat in einem kleinen Topf im Wasserbad zu einer geschmeidigen Masse verrühren und in einen kleinen Gefrierbeutel füllen. Eine kleine Ecke abschneiden und auf die Hälfte der Taler auf die Unterseite den Nougat spritzen. Die anderen Taler mit der Unterseite darauf setzen und den Nougat fest werden lassen.

Tipp:

Anstelle des Jamaica-Rum-Aromas schmeckt auch Amaretto-Bittermandel-Aroma.
Die Taler am besten an einem kühlen Ort in einer gut schließenden Dose aufbewahren.

Johannistaler

etwa 25 Stück

Zubereitungszeit: 120 Min., ohne Kühlzeit
Backzeit: 6–8 Min. je Backblech

Pro Stück:
E: 1 g, F: 4 g, Kh: 23 g, kJ: 599, kcal: 143

Für den Knetteig:
- **250 g Weizenmehl**
- **2 gestr. TL Backpulver**
- **100 g Zucker**
- **1 Pck. Vanillin-Zucker**
- **1 Ei (Größe M)**
- **125 g Butter**

Für den hellen Guss:
- **200 g gesiebter Puderzucker**
- **1 EL Rum**
- **2–3 EL Wasser**

Für den dunklen Guss:
- **75 g Puderzucker**
- **1 leicht geh. TL Kakao**
- **etwa 1 EL Weinbrand**

Zum Bestreichen:
- **rotes Johannisbeergelee**

1 Für den Teig Mehl mit Backpulver mischen und in eine Rührschüssel sieben. Zucker, Vanillin-Zucker, Ei und Butter hinzufügen. Die Zutaten mit Handrührgerät mit Knethaken zunächst kurz auf niedrigster, dann auf höchster Stufe gut durcharbeiten. Anschließend auf der Arbeitsfläche zu einem glatten Teig verkneten. Sollte er kleben, ihn eine Zeit lang kalt stellen.

2 Teig portionsweise dünn ausrollen und mit einer runden Form (Ø etwa 5 cm) 50 Plätzchen ausstechen. Bei der Hälfte der Plätzchen mit einer Ausstechform (Ø etwa 2 cm) oder einer großen Lochtülle die Mitte ausstechen, so dass Ringe entstehen.

3 Plätzchen und Ringe auf Backbleche (gefettet, mit Backpapier belegt) legen und die Backbleche nacheinander (bei Heißluft zusammen) in den Backofen schieben.

Ober-/Unterhitze:
180–200 °C (vorgeheizt)
Heißluft: 160–180 °C (vorgeheizt)
Gas: etwa Stufe 3 (vorgeheizt)
Backzeit: 6–8 Min., je Backblech.

4 Die Plätzchen mit dem Backpapier von den Backblechen auf Kuchenroste ziehen und erkalten lassen.

5 Für den hellen Guss den Puderzucker mit Rum und Wasser zu einer dickflüssigen Masse verrühren.

6 Für den dunklen Guss Puderzucker mit Kakao sieben, mit Weinbrand zu einer dickflüssigen Masse verrühren und in ein Papiertütchen füllen.

7 Vor dem Zusammensetzen jedes Ringplätzchen mit hellem Guss bestreichen und sofort mit dem braunen Guss einen Ring darauf spritzen. Mit einem Holzstäbchen mehrere Male vom Rand aus zur Mitte leicht durch den Guss ziehen und den Guss fest werden lasssen.

8 Zum Bestreichen das Johannisbeergelee glatt rühren, jedes ganze Plätzchen mit Johannisbeergelee bestreichen und einen Ring darauf legen.

Tipp:
Wenn es schneller gehen soll, die oberen Ringe nur mit dem hellen Guss bestreichen, Plätzchen mit Konfitüre zusammensetzen und dann mit dem dunklen Guss besprenkeln. Der Guss kann statt mit Rum und Weinbrand auch mit Zitronensaft oder Wasser zubereitet werden.

Spritzgebäck mit Mascarpone

etwa 20 Stück

Zubereitungszeit: 100 Min., ohne Abkühlzeit
Backzeit: 15–20 Min., je Backblech

Pro Stück:
E: 3 g, F: 8 g, Kh: 25 g, kJ: 778, kcal: 186

Für den All-in-Teig:

- **200 g Weizenmehl**
- **50 g Speisestärke**
- **1 gestr. TL Backpulver**
- **200 g Zucker**
- **3 Eigelb (Größe M)**
- **150 g Mascarpone (italienischer Frischkäse)**
- **1 EL Speiseöl**
- **1 geh. EL Kakaopulver**
- **1 EL Milch**

Für die Birnen-Mascarpone-Creme:

- **1 Dose Birnenhälften (Abtropfgewicht 170 g)**
- **40 g Zucker**
- **1 EL Zitronensaft**
- **½ TL Finesse Geriebene Zitronenschale**
- **100 g Mascarpone (italienischer Frischkäse)**

Zum Verzieren:

- **50 g helle Kuchenglasur**

1 Für den Teig Mehl mit Speisestärke und Backpulver mischen und in eine Rührschüssel sieben. Zucker, Eigelb, Mascarpone und Speiseöl hinzufügen. Die Zutaten mit Handrührgerät mit Rührbesen zuerst auf niedrigster, dann auf höchster Stufe zu einem glatten Teig verarbeiten.

2 Den Teig in 2 Portionen teilen. Eine Teigportion in kleinen Mengen in einen Spritzbeutel mit Lochtülle (Ø etwa 10 mm) füllen und 20 Ringe (Ø 5–6 cm) auf ein Backblech (gefettet, mit Backpapier belegt) spritzen.

3 Restlichen Teig mit Kakao und Milch verrühren. Den Teig ebenfalls in einen Spritzbeutel mit Lochtülle (Ø etwa 10 mm) füllen und 20 Ringe (Ø 5–6 cm) auf ein Backblech (gefettet, mit Backpapier belegt) spritzen.

4 Die Backbleche nacheinander (bei Heißluft zusammen) in den Backofen schieben.

Ober-/Unterhitze:
etwa 180 °C (vorgeheizt)
Heißluft: etwa 160 °C (vorgeheizt)
Gas: Stufe 2–3 (vorgeheizt)
Backzeit: 15–20 Min., je Backblech.

5 Gebäckringe mit dem Backpapier von den Backblechen auf Kuchenroste ziehen und erkalten lassen.

6 Für die Birnen-Mascarpone-Creme Birnenhälften in einem Sieb abtropfen lassen und pürieren. Birnenpüree mit Zucker, Zitronensaft und -schale zum Mascarpone geben und gut verrühren.

7 Die Birnen-Mascarpone-Creme in einen Gefrierbeutel füllen und eine kleine Ecke abschneiden. Etwas von der Birnen-Mascarpone-Creme auf die flache Seite der hellen Ringe spritzen. Die dunklen Ringe mit der flachen Seite darauf setzen.

8 Zum Verzieren Kuchenglasur nach Packungsanleitung auflösen. Das Spritzgebäck mit der Glasur besprenkeln und die Glasur fest werden lassen.

Tipp:
Gefülltes Spritzgebäck in einer gut schließenden Dose im Kühlschrank aufbewahren. Spritzgebäck einige Tage vor dem Verzehr backen und am Tage des Verzehrs mit der Birnen-Mascarpone-Creme füllen. Verwenden Sie das übrig gebliebene Eiweiß für Kirschstreifen (Seite 20) oder für gefüllte Walnussmakronen (Seite 34).

Walnussplätzchen

etwa 30 Stück

Zubereitungszeit: 100 Min., ohne Abkühlzeit
Backzeit: 8–10 Min., je Backblech

Pro Stück:
E: 3 g, F: 14 g, Kh: 23 g, kJ: 986, kcal: 236

Für den Knetteig:

- **300 g Weizenmehl**
- **200 g Zucker**
- **1 Pck. Vanillin-Zucker**
- **1 Fläschchen Rum-Aroma**
- **3 Tropfen Bittermandel-Aroma**
- **1 Msp. gemahlener Kardamom**
- **1 Prise Salz**
- **200 g weiche Butter oder Margarine**
- **150 g gemahlene Walnusskerne**

Zum Bestreichen:

- **rotes Johannisbeergelee**

Zum Garnieren:

- **50 g Halbbitter-Kuvertüre**
- **200 g halbierte Walnusskerne**

Für den Guss:

- **150–200 g Zitronenglasur**

1 Für den Teig Mehl in eine Rührschüssel sieben. Zucker, Vanillin-Zucker, Aromen, Kardamom, Salz, Butter und Walnusskerne hinzufügen. Die Zutaten mit Handrührgerät mit Knethaken zunächst kurz auf niedrigster, dann auf höchster Stufe gut durcharbeiten.

2 Anschließend auf der Arbeitsfläche zu einem glatten Teig verkneten. Sollte er kleben, ihn in Folie gewickelt eine Zeit lang kalt stellen.

3 Den Teig portionsweise dünn ausrollen und mit einer runden Ausstechform (Ø etwa 4 cm) 60 Plätzchen ausstechen. Teigplätzchen auf Backbleche (gefettet, mit Backpapier belegt) legen und Backbleche nacheinander (bei Heißluft zusammen) in den Backofen schieben.

Ober-/Unterhitze:
180–200 °C (vorgeheizt)
Heißluft: 160–180 °C (vorgeheizt)
Gas: etwa Stufe 3 (vorgeheizt)
Backzeit: 8–10 Min., je Backblech.

4 Plätzchen mit dem Backpapier von den Backblechen auf Kuchenroste ziehen und erkalten lassen.

5 Zum Bestreichen Johannisbeergelee glatt rühren. Die Hälfte der Plätzchen auf der Unterseite mit Johannisbeergelee bestreichen, die übrigen Plätzchen darauf legen und gut andrücken.

6 Zum Garnieren Kuvertüre in einem kleinen Topf im Wasserbad bei schwacher Hitze zu einer geschmeidigen Masse verrühren. Jeden Walnusskern zur Hälfte in die Kuvertüre tauchen, auf Backpapier legen und die Kuvertüre fest werden lassen.

7 Für den Guss die Zitronenglasur nach Packungsanleitung auflösen, die Plätzchen damit bestreichen und mit den Walnusshälften garnieren.

Tipp:
Statt Zitronenglasur können Sie auch einen Zitronenzuckerguss verwenden. Dafür 125 g gesiebten Puderzucker mit etwa 2 Esslöffeln Zitronensaft zu einem dickflüssigen Guss verrühren.

Alphabetisches Register

Themenregister

Gefüllte Plätzchen

Plätzchen mit Alkohol

Plätzchen mit Nüssen und Mandeln

Fruchtige Plätzchen

In dieser Reihe sind bisher außerdem erschienen: *Mode-Schüttel-Kuchen* und *Mode-Muffins*. Sie erhalten diese Bücher im Buchhandel.

Umwelthinweis Dieses Buch und der Einband wurden auf chlorfrei gebleichtem Papier gedruckt. Die Einschrumpffolie – zum Schutz vor Verschmutzung – ist aus umweltfreundlichem und recyclingfähigem PE-Material.

Wenn Sie Rezeptanregungen, Vorschläge oder Fragen zu unseren Bücher haben, rufen Sie uns unter folgender Nummer an (05 21) 155 25 80 oder 52 06 50 oder schreiben Sie uns:
Dr. Oetker Verlag KG, Redaktion, Am Bach 11, 33602 Bielefeld.

Bei den in diesem Buch verwendeten Rezeptnamen handelt es sich zum Teil um eingetragene Marken.

Wir danken für die freundliche Unterstützung
AUGUST STORCK KG, Berlin
Masterfoods, Viersen

Copyright © 2001 by Dr. Oetker Verlag KG, Bielefeld

Redaktion Carola Reich, Sabine Puppe

Titelfotos Thomas Diercks, Hamburg
Innenfotos Thomas Diercks, Hamburg

Rezeptentwicklung und -beratung
Maren Jahnke, Hamburg
Anke Rabeler, Hamburg
Maik Schacht, Hamburg
Mechthild Plogmaker, Versuchsküche Dr. Oetker, Bielefeld

Grafisches Konzept Björn Carstensen, Hamburg
Gestaltung MDH Haselhorst, Bielefeld
Einbandgestaltung KonturDesign GmbH, Bielefeld

Reproduktionen Kruse Reproduktionen GmbH, Vreden
Satz JUNFERMANN Druck & Service, Paderborn
Druck MOHN Media • Mohndruck GmbH, Gütersloh

Die Autoren haben dieses Buch nach bestem Wissen und Gewissen era beitet. Alle Rezepte, Tipps und Ratschläge sind mit Sorgfalt ausg wählt und geprüft. Eine Haftung des Verlages und seiner Beauftragte für alle erdenklichen Schäden an Personen, Sach- und Vermögensgege ständen ist ausgeschlossen.

Nachdruck, auch auszugsweise, nur mit unserer ausdrücklichen Genehmigung und mit Quellenangabe gestattet.

ISBN 3–7670–0620–0